गिरीश कारनाड

1938, माथेरान, महाराष्ट्र में जन्मे गिरीश कारनाड की मातृभाषा कन्नड़ है। गणित की सर्वोच्च परीक्षा में सफल होकर 'रोड्स स्कॉलर' के रूप में ऑक्सफोर्ड गए।

1963 में ऑक्सफोर्ड यूनिवर्सिटी प्रेस, मद्रास में नौकरी। 1970 में 'भाषा फेलोशिप', नौकरी से त्याग-पत्र और स्वतंत्र लेखन की शुरुआत। पहला नाटक 'ययाति' 1968 में छपा और चर्चा का विषय बना। 'तुग़लक' के लेखन-प्रकाशन और बहुभाषी अनुवादों-प्रदर्शनों से राष्ट्रीय स्तर के नाटककार के रूप में प्रतिष्ठा। 1971 में 'हयवदन' का प्रकाशन, अभिमंचन। 2015 में 'बलि'; 2017 में 'शादी का एलबम', 'बिखरे बिम्ब और पुष्प'; 2018 में

'टीपू सुल्तान के ख़्वाब' का प्रकाशन। पूना के फ़िल्म-संस्थान में प्रधानाचार्य, त्याग-पत्र और इस नए सशक्त अभिव्यक्ति-माध्यम के प्रति दिलचस्पी। सन् 1988 से कुछ वर्ष पहले तक संगीत नाटक अकादेमी, नई दिल्ली के अध्यक्ष रहे।

'संस्कार', 'वंशवृक्ष', 'काडू', 'अंकुर', 'निशान्त', 'स्वामी' और 'गोधूलि' जैसी राष्ट्रीय-अन्तरराष्ट्रीय स्तर पर पुरस्कृत एवं प्रशंसित फ़िल्मों में अभिनय-निर्देशन। 'मृच्छकटिक' पर आधारित फ़िल्मालेख, 'उत्सव' के लेखक-निर्देशक तथा एक लोकप्रिय दूरदर्शन धारावाहिक के महत्त्वपूर्ण अभिनेता के रूप में बहुचर्चित।

सम्मान : तुग़लक के लिए संगीत नाटक अकादेमी पुरस्कार, 'हयवदन' के लिए कमलादेवी चट्टोपाध्याय पुरस्कार, 'रक्त कल्याण' के लिए साहित्य अकादेमी पुरस्कार तथा साहित्य में समग्र योगदान के लिए भारतीय ज्ञानपीठ पुरस्कार।

निधन : 10 जून, 2019

हयवदन

गिरीश कारनाड

अनुवाद

बी.वी. कारन्त

राधाकृष्ण पेपरबैक्स

पहला पुस्तकालय संस्करण
राधाकृष्ण प्रकाशन प्राइवेट लिमिटेड द्वारा
1977 में प्रकाशित

राधाकृष्ण पेपरबैक्स में
पहला संस्करण : 2010
छठा संस्करण : 2024

राधाकृष्ण पेपरबैक्स : उत्कृष्ट साहित्य के जनसुलभ संस्करण

राधाकृष्ण प्रकाशन प्राइवेट लिमिटेड
जी-17, जगतपुरी, दिल्ली-110 051
द्वारा प्रकाशित

शाखाएँ : अशोक राजपथ, साइंस कॉलेज के सामने, पटना-800 006
पहली मंजिल, दरबारी बिल्डिंग, महात्मा गांधी मार्ग, प्रयागराज-211 001
1, अनमोल सोराबजी संतुक लेन, धोबी तलाव, मरीन लाइंस, मुम्बई-400 002
वेबसाइट : www.radhakrishnaprakashan.com
ई-मेल : info@radhakrishnaprakashan.com

बी.के. ऑफसेट
नवीन शाहदरा, दिल्ली-110 032
द्वारा मुद्रित

मूल्य : ₹ 199

HAYVADAN
Play by Girish Karnad
Translated by B.V. Karant

ISBN : 978-81-8361-377-4

अनुक्रम

नाट्य-समीक्षक का वक्तव्य

संस्कारों तक को प्रभावित करनेवाली कथाएँ हमें बालक जैसी सरल और अपूर्वग्रही मनःस्थिति में ले जाती हैं—ग्रहणशील बनाती हैं। ऐसी कथाएँ दादी-नानी की कहानी या परियों की कहानी या लोकरंजक तत्त्वों की अतिरंजना लिये होती हैं। दूर से जैसे कोई दृश्य-बिन्दु बढ़ता चला आता है, हमें छा लेता है—फिर दूर चला जाता है। अनुभूति का क्षण—वही छा लिये जाने का क्षण है (साधारणीकरण का सिद्धान्त), किन्तु उन क्षण-क्रमों के पहले और बाद की प्रक्रिया और शैली उसकी निष्पत्ति के लिए अनिवार्य है। यद्यपि रस-परिपाक के बाद उसका स्वतः कोई महत्त्व रह नहीं जाता।

'हयवदन' पहले पढ़ा, 'दिशान्तर' के लिए कारन्त के निर्देशन में अभिनय किया। सत्यदेव दुबे के निर्देशन में हुआ प्रदर्शन देखा। प्रस्तुतियों की विभिन्न समीक्षाएँ पढ़ीं। दर्शकों की प्रतिक्रियाएँ सुनीं। नाटक के बारे में पत्र-पत्रिकाओं के मत भी पढ़े और पिछले दशक में हुए-आए नाटकों पर विषय और स्वरूप को लेकर अपनाए गए रुखों को जानकर मैंनें सोचा तो लगा, ऊपर की बात जो नई नहीं है, मैं बड़े भरोसे से बढ़ा सकता हूँ।

पुरुष की अपूर्णता (मनुष्य की अपूर्णता) को विभिन्न काल-खंडों में रखकर अनेक नाटक लिखे गए हैं—'आधे

अधूरे', 'द्रौपदी', 'सूर्य की अन्तिम किरण से पहली किरण तक' आदि में भी यह ध्वनि है। इन सभी नाटकों में स्त्री-पुरुष-सम्बन्ध को लेकर किसी या किन्हीं बिन्दुओं से त्रिकोण बनते हैं। 'हयवदन' की उपकथा में मनुष्य को पूर्ण मनुष्य होने से आरम्भ होकर–शरीर और मस्तिष्क, दोनों की श्रेष्ठता की कामना मुख्य कथा में प्रदर्शित की जाती है।

अन्य नाटकों में सीधे हमारे घरों में नाटककार पैठता है–बिम्ब चरित्र लेता है और हम स्वीकारते, देखते संकोच करते हैं–'आधे अधूरे' के लिए कम अपवाद नहीं मिले।

साथ ही, और भी आदि स्तर पर उतरकर शरीर और मस्तिष्क के बीच जब नारी झूलती है तो क्या स्वयं मानव-कामना को इंगित नहीं करती? प्रकृति में जीव-क्रम के सम्पूर्ण विकास की सर्वोत्तम उपलब्धि इकाई मानव है–वह भी अपूर्ण है। यह त्रासदी बड़ी दंशकारी है। इसे जब आज के दैनन्दिन जीवन से दूर परिप्रेक्ष्य में रखकर देखने का अवसर मिलता है, तो वह दूरी ही उसे समग्र रूप में देख पाने की सुविधा देती है–तत्काल वर्तमान में सद्यः हो रही चेतना की झुरझुरी से जोड़ देती है। आग्रह और संकोच टूट जाते हैं। कथा गाथा का रूप लेती है, क्योंकि जो कुछ उस प्रक्रिया द्वारा उस क्षण सहभोगा जा रहा है, उसमें एक गरिमा है। गाथा गाई जाती है या कही जाती है, इसी के अन्तर में गाथा और कथा का अन्तर है। तकनीकी अन्तर अनुभूति-क्षमता के अन्तर का द्योतक बन जाता है।

'हयवदन' के आरम्भ में भागवत, नट और हयवदन का उपकथा-प्रसंग जिस क्रम से मूल कथा से सिर और शरीर के विपर्यय की ओर हमें ले जाता है, वह अपने में अनोखा है। देवदत्त, कपिल और पद्मिनी की कहानी आरम्भ होने के पहले हयवदन द्वारा पूर्ण मनुष्य होने, पूर्णांग होना चाहने का दर्द हास्य बनकर आता है, किन्तु जब समस्या सुरसा-सी

विकसित होती है तब स्थिति की वास्तविकता काल-खंडों को पार कर हमारे मनों में घर करने लग जाती है। यहाँ संगीत द्वारा उसे आनुभूतिक तीव्रता और सूक्ष्मता दी जाती है। अतएव हास्य और संगीत अनुभूति-पक्ष के लिए अनिवार्य अंग बनकर आता है—ऐसे नाटक में।

कारन्त ने सारे नाटक की लोकधर्मिता का पूर्ण उपयोग इस दृष्टि से किया और पात्र कल्पना के फलक पर टँगे चित्रों से उतरकर जैसे क्रियाशील होने लगे—मुखौटों जैसी रूप-सज्जा, मंच पर उत्सवी रंग-जैसी मांगलिक क्रियाएँ, वेशभूषा में लोकपक्षीय शैली और पौराणिकता।

संगीत की धुनें लोक-धुनें थीं और ऐसा लग सकता था कि किसी पुराने ज़माने की कथा है जिसे नाच-गाकर नट बता रहे हैं। व्यभिचारी भावों की सूक्ष्म आवाजाही से बचकर बड़ी संकट-रेखा को उभारा गया। इससे पात्रों की स्वरूपगत दूरी निभती गई, मात्र भाव और अनुभूति के स्तर पर दर्शक की भाषा से तादात्म्य किया गया। मैंने जो आपत्तियाँ पढ़ीं, उनमें आग्रह इन्हीं लोक-तत्त्वों को लेकर है। इतनी आधुनिक 'थीम' को इस बाने में ढालने की आवश्यकता क्या है—यह आरोपित लगा कई सुधी जनों को। कुछ निर्देशकों ने इससे आज़ादी लेने के प्रयत्न में कलेवर का रंग सिर्फ़ फीका किया। यदि किसी तर्क से काली खम्भ ठोककर मंच पर आकर दर्शकों का मनोरंजन कर सकती है तो उसी तर्क से शेष लोक-पात्रों को भी जीवंत और सम्बद्ध सम्यक् शैली होना चाहिए था। ऐसे में मुख्य कथा के पात्रों को शैली की दृष्टि से सारे ताने-बाने से हटाना आंशिक दृष्टि या सौन्दर्यानुशासन की कमी के अतिरिक्त कुछ नहीं।

निजी रूप से अभिनेता से अधिक मेरी रुचि इस नाटक की समग्र अनुभूति में रही, जहाँ पहली भारतीय नाट्य-स्वरूप की शक्ति लोक-तत्त्वों से ऊर्जा लेकर चमक पड़ी थी।

अभिनय या उसकी तकनीक तथा लयात्मक गतियों को लेकर जो समस्याएँ आईं, अभिनेता के रूप में हुई मेरी उन समस्याओं और अन्य लेखे-जोखे से मैं बचकर निकला हूँ।

–रामगोपाल बजाज

निर्देशक का वक्तव्य

बात दिसम्बर, 1970 की है, जब हम अपना नाटक 'बाकी इतिहास' खेलने के लिए केरल गए थे। त्रिचूर के होटल के कमरे में गिरीश ने 'हयवदन' के बारे में विस्तार से बात की थी। नाटक वे लिख चुके थे, लेकिन उसका अनुवाद अभी नहीं हुआ था। नाटक की कथावस्तु बहुत आकर्षक लगी और मैंने नाटक को प्रस्तुत करने की इच्छा व्यक्त की। लेकिन तब तक यह तय हो चुका था कि कारन्त ही इस नाटक का अनुवाद करेंगे और वे ही दिल्ली में इसको प्रस्तुत भी करेंगे। फिर भी नाटक को खेलने का मोह बना रहा।

कुछ महीनों बाद संगीत नाटक अकादमी की ओर से एक गोष्ठी हुई जिसमें परिचर्चा का विषय था—'पारम्परिक रंगमंच की आधुनिक प्रासंगिकता'। इस गोष्ठी में 'हयवदन' की बहुत चर्चा रही, बार-बार इस नाटक का उदाहरण दिया गया। कहा गया कि यह नाटक यक्षगान शैली में लिखा गया है। बात बहुत हास्यप्रद थी, क्योंकि तब तक नाटक का अनुवाद ही नहीं हुआ था और स्पष्ट था, वे लोग जो इसका उदाहरण दे रहे थे, उन्होंने सरसरी तौर पर ही नाटक के बारे में सुन रखा था। गोष्ठी के बाहर जो मित्रों की गोष्ठियाँ हुईं, उनमें मैंने गिरीश से यह पूछा—क्या वाक़ई 'हयवदन' यक्षगान शैली में लिखा गया है? तो उन्होंने उसकी शैली के बारे में विस्तार से बात की। यक्षगान के दो तत्त्व इस नाटक में ज़रूर इस्तेमाल किए गए हैं—एक,

भागवत का चरित्र; और दूसरा, अर्धपटी (हाफ़ कर्टेन) का इस्तेमाल।

जहाँ तक भागवत का प्रश्न है, वह सूत्रधार का एक और नाम है और सूत्रधार सिर्फ़ यक्षगान में ही नहीं, बल्कि हमारी अनेक नाटक-शैलियों में होता है; और जहाँ तक अर्धपटी के इस्तेमाल की बात है तो उसका यक्षगान से अधिक प्रभावशाली प्रयोग कथकली में होता है। वे लोग जो सिर्फ़ इस कारण 'हयवदन' को (बिना पढ़े) यक्षगान की शैली में लिखा नाटक मान रहे थे, वे अगर इसको कथकली की शैली में लिखा गया नाटक मानते, तो कोई उनका क्या बिगाड़ लेता?

उन्हीं दिनों से यह बात मन में घर करती गई कि अगर इस नाटक को कभी प्रस्तुत करने का मौक़ा मिला तो चाहे ज़िद में ही सही, इसे अर्धपटी के इस्तेमाल के बिना प्रस्तुत करने की कोशिश करूँगा।

एक साल और बीत गया। दिल्ली में 'दिशान्तर' की ओर से कारन्त के निर्देशन में नाटक खेला गया। उनकी प्रस्तुति में लोक-नाटकीय तत्त्वों पर काफ़ी बल दिया गया था, जिससे प्रस्तुति बहुत ही सजीव और दृश्य-रूप से सुखद बन पड़ी। लेकिन मेरा निजी मत यह था कि इस सारे लोक-नाटक के वातावरण में नाटक की सूक्ष्मता खो जाती है। इसी कारण से जो धारणा पहले ज़िद की वजह से बनी थी, अब विचार के स्तर पर पक्की हो गई; और वह यह कि अगर इस नाटक के मूल तत्त्व को उभारना है तो इस प्रस्तुति में लोक-तत्त्वों पर बल नहीं देना चाहिए, क्योंकि लोक-तत्त्वों के होते हुए भी नाटक की सारी संवेदनशीलता वास्तव में बहुत सूक्ष्म और परिष्कृत है।

यह विचार तो पक्का हुआ, लेकिन इसके साथ ही इस नाटक को प्रस्तुत करने की आशा भी जाती रही, क्योंकि दिल्ली के थियेटर का (यह शायद सारे देश के थियेटर का) एक

दुर्भाग्य यह है कि जब एक नाटक एक बार हो जाता है तो बहुत वर्षों तक उसी शहर में उसको कोई दूसरी नाटक-मंडली या निदेशक नहीं कर सकता/करता। इस स्थिति के कारणों पर बहस करना यहाँ उचित नहीं है, फिर भी इतना तो कह ही दूँ कि इस स्थिति को बदलने की ज़रूरत है।

जब मैं इस नाटक को खेलने की उम्मीद लगभग खो चुका था तो एक दिन अचानक प्रतिभाजी का कलकत्ते से ख़त मिला कि मैं 'अनामिका' के लिए कलकत्ते में एक नाटक प्रस्तुत करूँ। कलकत्ते में 'हयवदन' तब तक नहीं हुआ था। उस मनःस्थिति में नाटक के चुनाव के बारे में सोचने की ज़रूरत नहीं हुई। फ़ौरन सुझाव दिया कि 'हयवदन' किया जाए, हालाँकि मन में एक-दो उलझनें थीं। पहली यह कि एक दूसरे शहर में अनजान अभिनेताओं के साथ नाटक करना होगा; और दूसरी, इस नाटक के संगीत को लेकर, क्योंकि इससे पहले मैंने किसी भी नाटक में गीतों का प्रयोग नहीं किया था। बहरहाल, नाटक शुरू करने से पहले यह तय हो गया कि रवि किचलू जैसे अच्छे संगीतज्ञ का सहयोग मुझे प्राप्त होगा। साथ ही सान्त्वना ने गिरीश के अंग्रेज़ी-अनुवाद के आधार पर विशेष रूप से इस प्रस्तुति के लिए गीत लिखे।

जून, 1972 में कलकत्ते पहुँचा। वहाँ पहुँचने से पहले प्रस्तुति की रूपरेखा तैयार कर चुका था और उसका आधार वही विचार था कि नाटक को इस तरह से प्रस्तुत करना है कि उसमें लोक-तत्त्वों पर कम-से-कम बल दिया जाए। इसलिए दृश्यबन्ध की जो कल्पना की, वह ऐसी थी जिसमें अर्धपटी के इस्तेमाल की बिलकुल ज़रूरत नहीं रही। दृश्यबन्ध कुछ इस प्रकार था—तीन गतिशील स्तम्भों का मुख्य रूप से प्रयोग किया गया। हर दृश्य के बाद दो अभिनेता ही संगीत और रीतिबद्ध गतियों के साथ इनके स्थान को बदलते थे और हर दृश्य में मंच एक नया रूप धारण कर लेता था और जब इनको एक

कतार में रखा जाता तो इनसे बिलकुल वही काम लिया जा सकता था जो नाटककार ने नाटक में अर्धपटी से लिया था।

प्रस्तुति की दृष्टि से नाटक की एक समस्या देवदत्त और कपिल के मुखौटों के सम्बन्ध में है। गिरीश ने नाटक में इस बात की कल्पना की है कि जब देवदत्त और कपिल के सिरों की अदला-बदला होती है तो उनके मुखौटे बदल दिए जाएँ। मालूम नहीं, उनको यह क्यों नहीं सूझा कि मुखौटे बदलने पर भी आवाज़ नहीं बदली जा सकती और शायद यही एक कारण रहा होगा कि हम तीनों—कारन्त, दुबे और मैं--ने इस समस्या को एक ही ढंग से सुलझाया। मुखौटे बदलने के बजाय देवदत्त और कपिल वेशभूषा बदल लेते हैं। उससे बिलकुल वही प्रभाव पैदा होता है जो नाटक की माँग है। जब इस समस्या का यह हल हो गया तो इन दो चरित्रों के लिए मैंने मुखौटे इस्तेमाल करने की ज़रूरत नहीं समझी। हाँ, काली गुड़िया और हयवदन के चरित्रों के लिए मुखौटों का इस्तेमाल किया गया।

एक बड़ी समस्या शुरू में ही उठी। नाटक की दृष्टि से यह ज़रूरी था कि भागवत का रोल करनेवाला अभिनेता अच्छा गानेवाला भी हो, लेकिन सारी मंडली में कोई ऐसा अभिनेता नहीं था। इस समस्या का हल यह निकाला गया कि सारे गाने एक कोरस के ज़िम्मे सौंप दिए गए। मंच चूँकि बहुत छोटा था, इसलिए इसको दोनों तरफ़ से प्रेक्षागृह के अन्दर बढ़ाया गया। एक तरफ़ बैठे वाद्यवृंद के साथ गायक, और दूसरी तरफ़ भागवत और उनकी मंडली। ये दोनों स्थान मुख्य मंच से बिलकुल अलग थे, पर इसके बावजूद भागवत बहुत आसानी से मुख्य मंच पर आ-जा सकता था।

कलकत्ते के एक समीक्षक ने मेरी प्रस्तुति पर टिप्पणी करते हुए लिखा था—प्रस्तुति में आवश्यकता से अधिक गम्भीरता आ गई। यह पूरा सच नहीं है, क्योंकि किसी भी

निर्देशक के लिए हयवदन (चरित्र) के उपाख्यानों में गम्भीरता का समावेश करना सम्भव नहीं है और न ही मैंने कोई ऐसी कोशिश की थी। जाहिर है, इस समीक्षक का इशारा देवदत्त-कपिल-पद्मिनी की कहानी की ओर था। लेकिन इस कहानी के बहुत-से अंश तो सिर्फ गम्भीर रूप में ही प्रस्तुत किए जा सकते हैं, विशेष रूप से इन तीनों की कहानी का अन्त, जहाँ पद्मिनी सती होने की तैयारी करती है। लेकिन अब मुझे लगता है कि मेरी प्रस्तुति में अगर काली के उपाख्यान को इतनी गम्भीरता से प्रस्तुत न किया जाता, जैसाकि किया गया था, तो शायद बेहतर होता। लेकिन सारे नाटक को एक ही मूड में प्रस्तुत करना बहुत बड़ी भूल होगी, क्योंकि नाटक एक मूड का नहीं है।

अन्त में दर्शकों की एक महत्त्वपूर्ण प्रतिक्रिया का भी ज़िक्र कर दूँ कि बहुत-से दर्शकों को पद्मिनी-कपिल-देवदत्त की कहानी और हयवदन के उपाख्यान जुड़े हुए नहीं लगते, हालाँकि जब मैंने यह नाटक पढ़ा था, मुझे ऐसा नहीं लगा। शायद यह इस नाटक की एक समस्या है।

–राजिन्दरनाथ

‘दिशान्तर’ द्वारा प्रस्तुति में भाग लेने वाले कलाकार

पात्र

भागवत : विश्वमोहन बडोला
नट-1 : रवि बेरी
नट-2 : केतन मेहता
हयवदन : अभिराम सेठ
देवदत्त : रामगोपाल बजाज
कपिल : श्याम कामथ
पद्मिनी : मीनाक्षी
गुड़िया-1 : अभिनव
गुड़िया-2 : कुमारी मेहता

नेपथ्य

निर्देशक : बी.वी. कारन्त
वेशभूषा : प्रेमा कारन्त
आलोक : वी. राममूर्ति
रूप-सज्जा : अशोक श्रीवास्तव
गीत : सर्वेश्वरदयाल सक्सेना
संगीत : चंदोला
काली-स्वर : सुधा शिवपुरी

पूर्वार्द्ध

[मंच के बीचोबीच एक कुर्सी है, जिस पर गणेश-मुख रखा है। गणेश-वन्दना हो रही है।]

गीत

नमो नमो हे गजवदन
विघ्नहरण गुण-गुण-सदन।
बुद्धि विधाता, सिद्धि प्रदाता
नाटक का जो पहला श्रोता
आज हमारी नाटक सेवा
सफल बना दे विकट देवता।

[पूजोपरान्त गणेश-मुख को भीतर ले जाया जाता है।]

भागवत : जो समस्त विघ्नों का विनाश करे, जो समस्त मनोकामनाओं को सिद्ध करे, ऐसे प्रतापी भगवान विश्वेश्वर गजवदन की हम वन्दना करते हैं कि आज के हमारे नाटक को आप सफलभूत बनाएँ। अब अपने वक्रशुंड महाकाय की महिमा का क्या बखान करें, जिनका चेहरा हो हाथी जैसा, शरीर हो मनुष्य जैसा, दाँत हो टूटा-टूटा, पेट हो फटा-फटा! जो नख से शिख तक ऐसे परिपूर्ण अपूर्णांग हों, वे आखिर किस अपूर्णता का संकेत देते हैं? और यह कैसा

रहस्य है कि ऐसे अपूर्णांग प्रभु ही विघ्नहर्ता कहलाएँ? परन्तु प्रभुलीला का कौन पार पावे! इस मंगल-मूर्ति की ऐसी विकट रचना से यही अभीष्ट होगा कि प्रभु की पूर्णता की कल्पना करना अपूर्ण मनुष्य के लिए असम्भव है। अस्तु, हम जड़मति प्रभु-रहस्य को क्या बताएँ! न तो यह हमारा काम है, और न हममें इतनी सामर्थ्य ही है। बस, अब चलो, प्रभु गज-मुख की वन्दना करो और नाटक खेलने के लिए तैयार हो जाओ।

यह है धर्मपुरी नगर जिसके राजा हैं धर्मशील, जिनकी ख्याति और राज-सीमा दिग-दिगंत में फैली है। इसी नगर के दो युवक ही हमारे नाटक के नायक-युगल हैं। उनमें से एक का नाम है देवदत्त शर्मा। विप्रोत्तम पंडित विद्यसागरजी का एकमात्र पुत्र है : सुधी पंडित, विद्याधनी, कामदेव-सा सुन्दर, गौरवर्ण, कोमलकांत काया—जो प्रेम और न्याय के शास्त्रार्थों में दिग्गज पंडितों को परास्त कर चुका है, काव्य-कला में बड़े-बड़े महाकवियों को नीचा दिखा चुका है। देवदत्त शर्मा, मानो धर्मपुरी में हर आँख का तारा। दूसरा है कपिल : राज-शस्त्रागार का स्तम्भ-पुरुष, कर्मकार लोहित का सपूत। मेघ-सा साँवला रंग, सादा-सा चेहरा-मोहरा, पर घरेलू कामकाज और शारीरिक शक्ति-सामर्थ्य में एकदम असाधारण। मुष्टि-युद्ध, लट-युद्ध, बाहु-क्रीड़ा, मल्ल-क्रीड़ा, अखाड़े के दाँव-पेच, कसरत-क़वायद, तैराकी, उठा-बैठी, दौड़ा-दौड़ी, उछाड़-पछाड़—हर कला में अद्वितीय।

[नेपथ्य से किसी के भय से चीखने की आवाज़ सुनाई देती है। पल-भर के लिए भागवत विचलित होता है, दाएँ-बाएँ देखता है, फिर अपने प्रवचन में लग जाता है।]

भागवत : इन दोनों की ऐसी मित्रता थी, मानो कोई चमत्कार हो। जब भी देवदत्त-कपिल की जुगल जोड़ी राजपथ पर चल पड़ती तो नगरवासी कहते कि राम-लक्ष्मण, कृष्ण-बलराम, लव-कुश जा रहे हैं। *(भागवत मंडली गाने लगती है :)*

दो थे युवजन धर्मपुरी में,
गहरे साथी थे आपस में।
तन का मन का अटूट नाता—

[नेपथ्य से फिर चीख]

: कौन है यह अरसिक, जो प्रारम्भ में ही हमारे नाटक का रस भंग कर रहा है? *(नेपथ्य में देखता है)* ओह! हमारा नट भाई भागा आ रहा है! बात क्या है?

[नट भागता आता है। डर से शरीर काँप रहा है। विक्षिप्त-सा मंच पर कूद, मंच की परिक्रमा कर भागवत से लिपट जाता है।]

नट : भागवतजी, भागवतजी!

भागवत : *(छुड़ाने के प्रयत्न में)* छिः-छिः! क्या कर रहा है?

नट : भागवतजी, हाय, मैं मर गया, घो-घो...।

भागवत : पहले मुझे छोड़ तो दो। *(छुड़ाकर)* हाँ, क्या हुआ? इस तरह से बिदकता क्यों है?

नट : घो-घो—बाप रे! *(फिर लिपटता है)*

भागवत : छोड़, छोड़ दे मुझे! क्या पागलपन है? सो भी सुजान रसिकों के समक्ष? रंगमंच की पवित्रता का भी तो...।

नट : भूल हुई, भागवतजी, लेकिन...।

भागवत : *(शान्त भाव से)* हाँ, डरो नहीं। हम हैं, मंडली है, फिर सामने सुजान-समाज भी है, जो बीच-बीच में भले ही सो

जाते हों, पर दूसरे को संकट में पाकर झट जाग जाते हैं। बताओ, क्या हुआ?

नट : *(हाँफता हुआ) हाय! राम, राम! मेरी तो छाती ही फट गई थी।*

भागवत : बस, बैठो यहाँ। ब्यौरेवार सही-सही बताओ।

नट : क्या बताऊँ भागवतजी, मैं इधर ही चला आ रहा था। देर हो गई थी न। और ज्यादा देर न हो, इसलिए जल्दी-जल्दी क़दम बढ़ा रहा था—हाय राम! *(मुँह ढाँप लेता है)*

भागवत : ठीक है, तू इधर आ रहा था, आगे?

नट : अभी तक धुकधुकी है।—हाँ, मैं इधर आ ही रहा था कि रास्ते में...बात यह थी...आज सबेरे खूब पानी पिया था...पेट फूल गया...सो सोचा कि तनिक पेट हलका करूँ, और किनारे बैठा ही था...।

भागवत : नट! नट! मंच पर ऐसी वार्ता!

नट : नहीं, पहले सुनिए तो, मैंने कुछ नहीं किया था। जरा किनारे बैठकर धोती सरकाई ही थी कि बस...!

भागवत : क्या हुआ?

नट : एक आवाज़ आई। भारी-सी, मर्दानी आवाज़ : हे दुष्ट! आम रास्ते पर गन्दगी फैलाते हो!

भागवत : ठीक ही तो है, तेरी समझ क्या चरने गई थी?

नट : मैंने इधर-उधर ताका-झाँका, मगर कोई कीड़ा तक न था। सोचा, धोखा हुआ होगा। फिर रास्ते के किनारे बैठ गया कि दुबारा वही दहाड़!

भागवत : क्या?

नट : 'क्यों रे दुष्ट! सुनता नहीं, मैं क्या कह रहा हूँ? आम रास्ते पर गन्दगी फैलाना बिलकुल मना है।' फिर चारों ओर देखा तो देखता ही रह गया। सामनेवाली बाड़ के पीछे खड़ा-खड़ा...।

भागवत : खड़ा-खड़ा?

नट : एक घोड़ा...।

भागवत : क्या?

नट : हाँ, भागवतजी, घोड़ा! घोड़ा था, जो बोले ही जा रहा था।

भागवत : *(घूरकर)* प्यारे नट! सवेरे क्या चढ़ाया था?

नट : कुछ नहीं, बापू कसम खाता हूँ। हफ़्ते-भर से ताड़ीख़ाने की हवा तक नहीं सूँघी, और आज सवेरे तो दूध भी नहीं मिला।

भागवत : तो कहो, जो पानी पिया था, शायद वही लग गया!

नट : ऐसा कुछ नहीं, भागवतजी! भगवान साक्षी है, घोड़ा खड़ा बोल रहा था।

भागवत : तो ठीक हे, बात बढ़ाने से कोई लाभ नहीं। अब जल्दी भीतर जा। चेहरे पर रंग लगवा ले—पहले ही बड़ी देर हो गई है।

नट : रंग? भागवतजी, आपके पाँव पड़ता हूँ, आज नहीं।

भागवत : नट, तू समझता भी है, क्या बक रहा है?

नट : क्षमा कीजिए, भागवतजी! *(हाथ उठाता है, जो अब भी थर-थर काँप रहा है)* आप ही बताइए, ऐसे में तलवार कैसे उठाऊँगा? कैसे चलाऊँगा?

भागवत : *(सोचता है)* अच्छा, ठीक है। तो फिर एक ही इलाज है। जिस रास्ते तू आया था, उसी रास्ते वापस जा।

नट : *(चौंककर)* वापस?

भागवत : वापस उसी बाड़ के पास। फिर देख ले अच्छी तरह से कि जो भी बोल रहा था, वह घोड़ा नहीं था।

नट : *(डर से उछलकर)* नहीं!

भागवत : नट!

नट : नहीं बनेगा मुझसे!

भागवत : मेरा हुक्म है!

[नट दीनता से देखता है।]

: हाँ, भाग!

नट : *(दीन वाणी में)* जाना होगा?

भागवत : नहीं तो तेरा भ्रम टूटेगा नहीं। जा।

नट : भागवतजी...!

भागवत : *(दर्शकों की ओर मुड़कर)*

दो थे युवजन धर्मपुरी में
गहरे साथी थे आपस में
तन का मन का अटूट नाता
कन्या देखी—

: *(नट को खड़ा देखकर)* अभी तू यहीं खड़ा है?

[मुँह लटकाए नट चला जाता है।]

भागवत : बेचारा! बालक डर गया है। जाने क्या देखा, क्या समझा! आख़िर सत्य क्या है? निंरी मृग-मरीचिका!
दो थे युवजन धर्मपुरी में
गहरे साथी—

[नेपथ्य से नट की चीख़। और वह भागा-भागा आता है।]

: नट बेटे!

नट : आ गया, इधर ही आ रहा है!

भागवत : कौन? कौन आ रहा है?

नट : वही...वही आ रहा है!

[दूसरी दिशा में भाग जाता है।]

भागवत : वही? वही कौन? कोई मनुष्य या कोई और जीव? कुछ भी हो, अपना नट डर गया है, यह सच है। जब अपना नट ही डर गया तो इन भोले रसिकों का क्या हाल होगा? ऐसे डरावने पात्र को एकदम रंगमंच पर आने

देना उचित नहीं। *(नेपथ्य की ओर देखकर)* अरे सुनो, रंगपटी लाओ!

[यक्षगान या कथकली में प्रयुक्त पटी की तरह परदे को थामे दो सदस्य आते हैं और ऊँचे हाथ से परदा सँभाले खड़े होते हैं। परदे के पीछे हयवदन आकर खड़ा होता है।]

: कौन है? कौन पधार रहे हैं?

[कोई उत्तर नहीं मिलता। पटी के पीछे से किसी के फूट-फूटकर रोने की आवाज़ आने लगती है।]

: अरे! मामला क्या है? नट को तो डरा दिया, और खुद अब रोने लगा है। आख़िर कौन होगा? *(पटीवालों से)* पटी ज़रा नीची करो।

[पटी एक हाथ नीचे आती है। हयवदन का फफकता चेहरा दिखाई देता है। लेकिन जैसे ही हयवदन की आँखें दर्शकों से मिलती हैं, वह घबराकर झुककर पटी के पीछे छिप जाता है।]

: अरे! नट बेटे ने ठीक ही कहा था। घोड़ा! चमत्कार!

[भागवत का इशारा पाकर पटी और नीचे आती है। हयवदन आँखें बन्द किए रो रहा है। लेकिन दर्शकों को देखकर फिर पटी के पीछे मुँह छिपा लेता है। इस तरह पटी धीरे-धीरे ज़मीन तक आ जाती है।]

भागवत : अद्भुत! अनोखा!

[हयवदन पूरा दिखाई देता है। घोड़े का चेहरा, मनुष्य का शरीर। ज़मीन पर सिकुड़ा पाँवों के

बीच सिर दुबकाए सिसक रहा है। भागवत का इशारा पाकर पटीवाले पटी के साथ भीतर चले जाते हैं। भागवत हयवदन के पास जाता है, पर हयवदन सिर नहीं उठाता।]

: तुम कौन हो, भैया?

[आँसू पोंछता हयवदन सिर उठाता है। भागवत उसका हाथ थामे मंच के बीच लाता है।]

: आगे आओ, आ जाओ।

[हयवदन झिझकता हुआ आगे आता है।]

: एक तो घोड़े का मुखौटा लगाए आते-जाते लोगों को डराते हो, ऊपर से रोने-बिलखने का स्वाँग भी रचते हो? आखिर हँसी-मज़ाक की भी कोई हद है!

[हयवदन फिर सिसक उठता है।]

: बस-बस, बन्द करो यह बचपना! उतार दो, उतार फेंको वह मुखौटा!

[हयवदन निश्चल खड़ा है। भागवत पास जाकर उसका सिर झकझोरने लगता है, पर हयवदन चुप है।]

: बाप रे! एकदम चिपक गया है! नट बेटे!

[नट डरा-डरा आता है, पर भागवत के हाथ में हयवदन का सिर देखकर भौचक्का-सा हो जाता है।]

: खड़ा क्या है? पास आ। यह देख, बस मुखौटा है। इसी से डर गया? अभी इस बेहूदे मुखौटे को उतार देते हैं। आ जा, हाथ बढ़ाकर मदद कर।

[नट आगे आता है। वह हयवदन का निचला भाग खींचता है और भागवत ऊपरी भाग, पर कुछ बनता नहीं। थोड़ी देर तक यही खींचातानी जारी रहती है, जिसे हयवदन चुपचाप सहन किए जाता है। जब पीड़ा होती है, तो अस्पष्ट शब्दों में धीमे से कराहता है। धीरे-धीरे भागवत समझ जाता है कि वह मुखौटा नहीं है।]

भागवत : अरे नट बेटे, यह मुखौटा नहीं, ठोस मूँड़ है।

[वह डर से हाथ छोड़ता है, जिससे हयवदन धम्म से नीचे गिर जाता है, और टाँगों के बीच सिर दुबकाए सुबकने लगता है।]

: सचमुच इन चमत्कारों का कोई अन्त नहीं! घड़ी पहले कोई कहता कि घोड़े के चेहरेवाला मनुष्य होता है, तो मैं ज़ोर से हँस पड़ता। लेकिन अब? *(हयवदन से)* तुम कौन हो, भैया?

[हयवदन चुपचाप उठकर खड़ा हो जाता है और बाहर की तरफ़ मुड़ता है, जिसे देख सामने खड़ा नट डर जाता है।]

: अरे-अरे, कहाँ जा रहा है? ठहर ज़रा। उधर हमारा साजघर है। नट-मंडली अपनी सजावट में लगी है। यहाँ एक को तो डरा ही दिया। अब उन्हें भी डराकर आज के नाटक को ही चौपट करेगा?

[हयवदन सिर नीचा किए खड़ा हो जाता है।]

: *(मिठास के साथ)* कौन हो तुम? *(जवाब नहीं मिलता)* किस ऋषि के शाप से तुम्हारी यह दुर्दशा हुई? किस पवित्र तीर्थ का तुमने तिरस्कार किया? किस पतिव्रता का तुमने अपमान किया? या तुमने...?

हयवदन : *(गुस्से से)* ओह!

भागवत : *(चकित होकर)* ऐं?

हयवदन : क्यों पंडितजी, कथा-पुराण बाँचते हैं, इसीलिए मुझ ग़रीब पर जो जी में आया, उगलने लगे? मैंने किस पतिव्रता का अपमान किया? किस तीर्थ को अपवित्र किया?

भागवत : नाराज़ न हो...।

हयवदन : और क्या? कौन-से ऋषि? कौन-सा तीर्थ? मैंने क्या बुराई की है? आ जाए कोई सामने। कह तो दे कि मैंने किसी का बुरा किया है! चाहे महाराज चित्रगुप्त भी आ जाएँ। मैंने किसी का कुछ नहीं बिगाड़ा। फिर भी, फिर भी...। *(गला भर आता है, रोने को होता है)*

भागवत : बुरा मत मानो भाई, आखिर हुआ क्या? कौन-सी विपदा तुम पर टूट पड़ी? साफ़-साफ़ बताओ। हमसे कुछ बना तो अवश्य सहायता करेंगे। सेवा में हम हैं, फिर ये उदार रसिक भी हैं। भले ही कभी-कभी ऊँघने लगते हैं, पर...।

हयवदन : कोई क्या करेगा, भागवतजी? मेरा भाग्य ही ऐसा है।

भागवत : तुम्हारा नाम क्या है?

हयवदन : ह-य-व-द-न।

भागवत : सही नाम है। पर यह घोड़े का चेहरा कहाँ से पाया?

हयवदन : कहाँ से क्या? जन्म से है।

भागवत : तो फिर जब हम मुखौटा मानकर खींचने लगे तो क्यों चुप रहे? क्यों उस कष्ट को झेलते रहे?

हयवदन : भरोसे पर ही तो जीता है जीव। मैं तो सबकुछ करके हार चुका था। बस, इच्छा थी, किसी तरह इस घोड़े के

मुँह से पीछा छूटे। सोचा, शायद आप जैसे पुण्यात्माओं के हाथ मेरा उद्धार हो जाए। आप इसे उतार सकें...।

भागवत : हाय, बेचारा! जन्म से पाया मूँड़ है तो फिर क्या चारा है? जाने पिछले जन्म के किस पाप का...?

हयवदन : *(तुनककर)* पिछला-विछला कुछ नहीं। जो भी हुआ, इसी जन्म में हुआ।

भागवत : यानी? क्या हुआ? बताओ। शरमाओ मत।

हयवदन : शरम? किस बात की शरम? क्या...?

भागवत : भूल हुई। कहना चाहिए था, झिझको मत। अच्छा, अब जो कुछ बीता, वह हमें सुनाओ।

हयवदन : वह लम्बी कहानी है।

भागवत : होने दो।

हयवदन : मेरी माँ कर्नाटक की राजकुमारी थी। वह बड़ी सुन्दर थी। जब वह सयानी हुई तो उसके पिता ने बेटी के लिए स्वयंवर रचा, जिसमें दूर-दूर के राजकुमार आए—चीन से, रूस से, फ्रांस से, लेकिन राजकुमारी को उनमें से कोई नहीं भाया। अन्त में सौराष्ट्र का राजकुमार वहाँ आया जो बड़े-से सफ़ेद घोड़े पर सवार था, जिसको देखते ही राजकुमारी अचेत हो गई।

नट : हाय! हाय!

हयवदन : पिता प्रसन्न हो गए, आख़िर कोई तो पसन्द आया। और वे विवाह की तैयारी में जुट गए। लेकिन ज्योंही राजकुमारी होश में आई, तो जानते हैं, क्या बोली?

भागवत-नट : *(एक साथ)* क्या बोली?

हयवदन : बोली, मैं तो उस सफ़ेद घोड़े से ही ब्याह करूँगी।

नट : क्या! क्या!!

हयवदन : हाँ, बड़ा हंगामा मचा। सौराष्ट्र के राजकुमार ने तो सिर पर आसमान उठा लिया।

भागवत : तो फिर?

हयवदन : मेरी माँ ने एक न सुनी। फिर क्या होता? बेचारे राजकुमार को समझा-बुझाकर विदा किया गया और मेरी माँ का विवाह उस सफ़ेद घोड़े के साथ बड़ी धूमधाम से सम्पन्न हो गया। पन्द्रह बरस तक बड़े आराम से दोनों की गृहस्थी चली। फिर एक दिन सवेरे उठकर माँ ने देखा, घोड़े का कहीं पता नहीं। उसकी जगह एक गंधर्व खड़ा था, जो कहते हैं, राजा कुबेर के शाप से घोड़े की योनि में जनमा था और अब पन्द्रह वर्ष मनुष्य का प्रेम पाकर शाप से मुक्त हो गया था।

भागवत : हाँ, ऐसे कई प्रसंग हुए हैं। आगे?

हयवदन : शाप से मुक्त मेरे गन्धर्व पिता ने इन्द्रपुरी की ओर चलते-चलते माँ से कहा—तुम भी मेरे साथ चलो। लेकिन माँ ने इनकार कर दिया। कहा कि घोड़े का ही रूप फिर धरोगे तो चलूँगी। इस पर मेरे जन्मदाता ने माता को शाप दे दिया।

नट : क्या?

हयवदन : हाँ, शाप दिया—जा, तू हमेशा के लिए घोड़ी बन जा। बस, मेरी माँ उसी क्षण घोड़ी बन गई। मैं अकेला बच गया—उनके अटपटे संयोग से उपजा पूत—आधा घोड़ा, आधा मनुष्य।

भागवत : जाने से पहले तुम्हारे जन्मदाता ने तुम्हारा कोई प्रबन्ध नहीं किया?

हयवदन : उन्हें क्या पड़ी थी? गए सो गए, मैं रहा सो रहा।

भागवत : बेचारा!

नट : सचमुच, बड़ा बुरा हुआ बेचारे के साथ।

भागवत : अब मैं क्या करूँ, भागवतजी? इस मूँड़ से पिंड कैसे छूटे?

हयवदन : हयवदन भाई, माथे का लिखा हरेक को भोगना ही पड़ता है।

भागवत : *(माथा पीटकर)* पर कैसा माथा, भागवतजी! आपके जैसा माथा होता तो खुशी से भोग लेता। पर इस माथे को लेकर कहाँ डूब मरूँ? फिर भी जो हुआ, उसी को झेलता रहा, दिन काटता रहा। मेरा निजी जीवन निष्कलंक रहा है। इसलिए सार्वजनिक जीवन में दिलचस्पी ली। नागरिक धर्म, देश-प्रेम, राष्ट्रीय एकता, भारतीकरण, समाजवाद, सबमें भाग लेता रहा—पर मेरा कौन-सा समाज है? मेरी क्या हस्ती है? भागवतजी, मुझे कुछ-न-कुछ करना ही होगा। मुझे पूर्ण मनुष्य बनना है, पूर्णांग होना है। लेकिन वह सब कैसे होगा? कैसे होगा?

[तीनों सोचने लगते हैं। मौन छा जाता है।]

भागवत : काशी...।

हयवदन : क्या?

भागवत : काशी के बाबा विश्वनाथजी की मनौती करो तो...।

हयवदन : कर ली।

नट : रामेश्वर?

हयवदन : काशी, रामेश्वर, गोकर्ण, हरिद्वार, गया, केदारनाथ—सब जगह गया। यही नहीं, ख्वाजा यूसुफ़ बाबा की दरगाह, माई मरियम का गिरजाघर, खंडोबा, काल भैरोंनाथ, हर चंडिका देवी, गंडे देवता, लटके साईंजी, डूबे नागा बाबा, लेहे निरंकारीजी—हर साधू, संत, पीर, सरमुँडे, कनफटे, जटाधारी, जलाहारी, लँगोटधारी—सबके चरण पकड़े। लोगों की नज़र से इस माथे को बचाते-बचाते सिर के बाल झड़ गए, लेकिन माथे का लिखा नहीं मिटा। *(ज़रा-सा रुककर, संकोच के साथ)* इस माथे से कितनी भी चिढ़ हो, पर इन झूलते बालों की ममता टूटती नहीं। *(रुककर)* इसलिए सिर्फ़ तिरुपति के बालाजी के दर्शन नहीं किए।

[लम्बा विराम]

भागवत : तो फिर, हयवदन भाई, तुम चित्रकूट की महाकालीजी की पूजा क्यों नहीं करते?

हयवदन : आप जो कहें, करूँगा।

भागवत : चित्रकूट के पर्वत पर देवी का निवास है, जो भक्तों की पुकार सुनने को सदा जागती रहती है। सुना है, माँगो सो देती है। पहले वहाँ हज़ारों लोग जाया करते थे, पर अब कोई नहीं जाता।

हयवदन : क्यों?

भागवत : कहा न, जो माँगो सो मिलता है। इसलिए लोगों का विश्वास ही उठ गया। बस, जाना छोड़ दिया।

हयवदन : सब बुद्धू हैं।

भागवत : एक बार तुम उनके दर्शन क्यों नहीं कर लेते?

हयवदन : हाँ, अभी चला।

भागवत : नहीं, अकेले जाना ठीक नहीं। जंगल-पहाड़ का रास्ता, क़दम-क़दम पर पूछताछ करनी पड़ेगी। पर तुम्हें देखते ही लोग-बाग भाग जाएँगे। ठहरो—नट बेटे, तू हयवदन के साथ चला जा।

नट : मैं? उतनी दूर?

भागवत : हाँ, तुम। आख़िर तुमने उसे दुखी किया है। इतना तो लिहाज़ करो। डरो नहीं। *(हयवदन से)* इसे तो तुम पहचानते ही होगे?

हयवदन : हाँ, हाँ। पर भागवतजी, आम रास्ते पर यह...।

नट : *(चिढ़कर)* तो छोड़ो फिर! मुझे क्या पड़ी है? अपने-आप चला जाएगा।

हयवदन : छिः-छिः! लड़ो मत। *(हयवदन से)* अब उसकी चिन्ता न करो। वह रास्ता कोई राजपथ नहीं, बड़ा ऊबड़-खाबड़ रास्ता है। काफ़ी गढ़े-नाले, झाड़-झंखाड़ भरे हैं। *(नट से)* तू क्यों चिढ़ता है? उलटे उसके नागरिकता-बोध पर तुझे प्रसन्न होना चाहिए। देखा न, अपनी दुर्दशा में भी

नागरिक-धर्म को नहीं भूलता। ठीक है, अब तुम लोग चलते बनो।

भागवत : *(नट से)* रूठो मत, भाई! तुम्हें कोई कष्ट नहीं दूँगा। भागवतजी, नमस्कार! बहुत-बहुत आभारी हूँ।

हयवदन : *(आशीर्वाद देते हुए)* शुभमस्तु!

[हयवदन नट के साथ जाता है। भागवत दर्शकों की ओर मुड़ता है।]

: अपना-अपना भाग्य! अपनी-अपनी कामना! अपनी-अपनी अपूर्णता! अस्तु। अब अपनी कथा पर लौटें।

: *(गाकर)* धर्मपुरी में दो युवक गहरे मित्र थे। दोनों में तन का, मन का अभिन्न सम्बन्ध था।

एक लड़की को देखा
तो दोनों ने अपने तन-मन बिसार दिए।
पर लड़की जो गाती थी
उसका अर्थ कोई नहीं समझ पाया था।

गायिकाएँ : *(गाकर)* प्यार क्यों निभाएँ
सिर्फ़ एक देह के साथ?
लंटीन के फूल
जो एक साथ सौ-सौ खिलते हैं,
अब उन्हें बीनकर
एक ही डोरी से क्यों बाँधें?

भागवत : *(गाकर)* दोनों ने बेसुध होकर अपने तन ही उतार फेंके और उनके हँसते हुए कटे मस्तकों से रक्त बहने लगा। लड़की ने उन मस्तकों को ऊपर उठाया तो वह उस रक्त से नहा गई, नहाकर आरक्त हो गई और फिर वह स्वच्छंद गाती और नाचती रही।

गायिकाएँ : दोनों स्तनों पर एक-एक शीश
दोनों आँखों के लिए एक-एक पुतली।

दोनों बाँहों से दोनों का
अलग-अलग आलिंगन
जिसकी मुझे न लज्जा है, न चिन्ता।
धरती के अन्तर में रक्त बरसता है,
आकाश में गीत की कोंपलें फूटती हैं।

[देवदत्त आकर मंच पर रखी कुर्सी पर बैठता है। मुख पर हलके रंग का मुखौटा है। दुबला-पतला चिन्ताग्रस्त है। कपिल प्रवेश करता है। मुख पर गहरे रंग का मुखौटा है। हट्टा-कट्टा और प्रसन्न है।]

कपिल : *(उमंग से)* देवदत्त! तुमने कहा था कि आज अखाड़े में आऊँगा। लेकिन आए क्यों नहीं? बड़ी देर तुम्हारी राह देखता रहा।

देवदत्त : *(ध्यान दिए बिना)* किस काम से...?

कपिल : तुम्हें आना चाहिए था, देवदत्त! कहा नहीं था, गांधार देश का एक मल्ल अखाड़े में आनेवाला है। वह आज आया था। इसलिए मैं भी तुम्हारे पास नहीं आ पाया। गांधार देश का मल्ल, कहते हैं, दक्षिण की दिग्विजय पर निकला है। फिर हमारे अखाड़े का नाम सुना था, इसलिए इधर भी आज़माइश करने की इच्छा हुई। उस समय मैं और नन्द कुश्ती लड़ रहे थे। परदेशी मल्ल बैठा देख रहा था। मैंने ज्योंही नन्द को मगरमच्छी पेंच डाल नीचे पछाड़ा तो परदेशी मल्ल खुशी से उछलकर बोला, 'वाह बहादुर!' और उसने मुझे चुनौती दी। मेरा दिल धड़कने लगा था, फिर भी...।

[देवदत्त को अन्यमनस्क देख कपिल चुप हो जाता है।]

देवदत्त : *(एकाएक चौंककर)* फिर?

कपिल : फिर क्या?

देवदत्त : *(घबराया-सा)* नन्द—हाँ, नन्द ने क्या किया?

कपिल : बाँसुरी बजाई।

देवदत्त : *(और घबराकर)* नहीं, नहीं—मेरा मतलब है—गांधार देश के मल्ल के बारे में कुछ कह रहे थे न?

कपिल : वह कुछ देर मुझसे कुश्ती लड़ा। फिर पीठ ठोककर बोला, 'शाब्बाश!'

देवदत्त : सच?

कपिल : हाँ!—इस बार कौन?

देवदत्त : *(सकपकाकर)* हूँ, क्या?

कपिल : मैंने कहा, इस बार कौन?

देवदत्त : कौन क्या?

कपिल : मैं पूछता हूँ, इस बार कौन-सी लड़की है?

देवदत्त : *(घबराहट में)* कोई नहीं।

कपिल : अरे, बताओ न, शरमाते क्यों हो?

देवदत्त : तुम कैसे जान गए?

कपिल : हद हो गई! पिछले दो बरसों में कम-से-कम पन्द्रह लड़कियों पर तुम्हारा मन डोलते मैंने देखा है। फिर कैसे नहीं जानूँगा?

देवदत्त : कपिल, अगर मेरी हँसी उड़ाना ही तुम्हारा...।

कपिल : हँसी नहीं, देवदत्त! पन्द्रहों बार मुझसे कोई बात नहीं छिपाई तो आज एकाएक क्या हो गया?

देवदत्त : कपिल, उनकी इससे कोई बराबरी नहीं। वे सब तो इसके आगे जैसे...।

कपिल : चाँद के आगे तारे हों! जगमगाते दीपक के सामने टिमटिमाते जुगनू हों। यह भी तो पन्द्रह बार हो चुका है।

देवदत्त : *(चिढ़कर)* तो तुम घर चले जाओ। मुझे सताओ मत।

कपिल : अरे, इतनी-सी बात पर चिढ़ गए?

देवदत्त : तुम मेरे मित्र बनते हो। पर तुम मुझे बिलकुल नहीं समझते।

कपिल : और तुमने मुझे समझा है? नहीं, बिलकुल नहीं। नहीं तो बात-बात पर चिढ़ते नहीं। तुम कहो तो मैं कुएँ में कूद जाऊँ, आग पर चलूँ। तुमसे बड़ा मेरे लिए कोई नहीं। कहो तो अपने माता-पिता को भी तुम पर निछावर कर दूँ।

देवदत्त : *(तंग आकर)* फिर छेड़ दिया अपना राग! कम-से-कम पचास बार सुना चुके होगे।

कपिल : तो क्या, इक्यावनवीं बार सुनाने को तैयार हूँ। तुम्हारे बिना मैं, पता नहीं, कहाँ पड़ा सड़ता रहता बैल की तरह। घास पर मुँह मारता, धूल उड़ाता, आवारा। तुम्हारी संगति मिली तो कविता से, कला से परिचय हुआ। पशु से मनुष्य बन गया।

देवदत्त : *(क्रुद्ध होकर)* अब तुम हटोगे या नहीं यहाँ से? सबसे भागकर मैं यहाँ आया तो यहाँ भी आ गए और शुरू कर दी अपनी काँव-काँव। काव्य और कला तुम क्या समझोगे? जा, चला जा अपनी भट्ठी पर। वहीं है तेरी जगह।

कपिल : *(दुखी होकर)* सचमुच चला जाऊँ?

देवदत्त : हाँ, हाँ, अभी।

कपिल : *(सिर झुकाकर)* ठीक है, कहते हो तो जाता हूँ। *(चलता है)*

देवदत्त : नहीं, बैठो!

[कपिल यही चाहता था, खुशी से ज़मीन पर बैठ जाता है।]

: पर बोलो मत।

[यह कहकर देवदत्त उठकर नीचे धरती पर बैठता है। तुरन्त कपिल उठता है, कुर्सी साफ़ करता है

और इशारे ऊपर बैठने को कहता है। देवदत्त सिर हिलाकर मना करता है। और कपिल की ओर पीठ किए बैठता है। अब कपिल एकदम आगे आकर आग्रह करने लगता है। देवदत्त नहीं मानता तो कपिल उसकी बाँह पकड़कर बिठाने की कोशिश करता है। मजबूर होकर देवदत्त उठता है।]

: तुम बस पीछे पड़ जाते हो!

[देवदत्त कुर्सी पर बैठता है। कपिल ज़मीन पर सिर झुकाए बैठा रहता है। बड़ी देर तक चुप्पी रहती है।]

: *(धीरे से)* बुरा मत मानो, कपिल! लेकिन उस लड़की का कैसे वर्णन करूँ? उसकी लटें हैं मानो लहराते भौंरे। मुख मानो...!

[बोलते-बोलते देवदत्त आविष्ट हो जाता है। उसी के साथ कपिल भी उत्साह से स्वर में स्वर मिलाकर बोलने लगता है, जैसे सब उसे कंठस्थ हो!]

दोनों : श्वेत कमल हो। सुन्दरता झरती है मानो चन्द्रमा की उजियारी हो। बाँहें मानो कमल की नाल हों। उरोज अमृत के कलश और कटि मानो...!

देवदत्त : *(रुककर सावेश)* नहीं, नहीं, भूल हुई।

कपिल : क्या?

देवदत्त : आज तक मैं एकदम अन्धा था। मैं इस धोखे में था कि कविता समझता हूँ, पर इस अनिंद्य रूपवती को देखने से पहले मैं कालिदास की काव्यश्री को समझता ही नहीं था। कुछ नहीं समझता था। तन्वी श्यामा...।

दोनों : ...शिखरि दशना, पक्व बिम्बाधरोष्ठी मध्येक्षामा चकित हरिणी, प्रेक्षणी निम्न नाभि...।

देवदत्त : श्यामा नायिका—कालिदास के जादुई वर्णन से उपजी—वात्स्यायन की स्वप्नसुन्दरी। पल-भर की झलक में ही वह प्रणय-काव्य में मेरी गुरु बन गई। वह क्या स्वयं प्रणय में मेरी शिष्या बनना कभी स्वीकार करेगी, कपिल?

कपिल : *(स्वगत)* यह तो सचमुच नई बात है!

देवदत्त : *(तनिक रुककर चमकती आँखों से)* कपिल, वह बस मेरी कविता की प्रेरणा बनना स्वीकार कर ले तो मैं कालिदास से भी श्रेष्ठ काव्य रच डालूँ।

कपिल : *(वैसे ही उत्साह से)* तो रच डालो न!

देवदत्त : कैसे रचूँ कपिल, उसके सामने हुए बिना कैसे रचूँ? मन को कविता पर कैसे एकाग्र करूँ जबकि मेरा रोम-रोम उसके ध्यान में डूबा हुआ है, उसी के लिए तड़प रहा है।

कपिल : उसका नाम क्या है, क़म-से-कम इतना तो बताओ?

देवदत्त : उससे क्या लाभ? जबकि वह रूपसी मुझ जैसे के लिए बनी ही नहीं।

कपिल : तुम इस तरह घबराते हो, देवदत्त? तुम विप्रोत्तम विद्यासागर के सुपुत्र, प्रकांड पंडित, विख्यात काव्यरसिक, कामदेव-से रूपवान, बृहस्पति-से...!

देवदत्त : निरी प्रशंसा से सान्त्वना मत दो।

कपिल : प्रशंसा नहीं, तुम्हारे लिए तो धर्मपुरी की हर कन्या के माता-पिता, आँखों के पाँवड़े बिछाए, तुम्हारी स्वीकृति की प्रतीक्षा में हैं।

देवदत्त : नहीं, नहीं, मैं अच्छी तरह जानता हूँ, यह सुन्दरी सपने में भी मुझे नहीं मिल सकती। पर क्या करूँ, मन नहीं मानता। कपिल, तुम्हारी सौगन्ध, मैं प्रतिज्ञा करता हूँ।

यदि कभी यह रूप-रत्न मुझे मिला तो मैं महाकाली के चरणों में अपनी दोनों भुजाएँ, भगवान रुद्र के आगे अपना मस्तक समर्पित करूँगा।

कपिल : छिः, बको मत! *(स्वगत)* इस सोलहवीं लड़की ने सचमुच हमारे देवदत्त को बुरी तरह से परास्त किया लगता है। नहीं तो रक्तपात की बात कभी नहीं करता।

देवदत्त : झूठ नहीं, कपिल! उसके बिना ये हाथ, यह मस्तक किस काम के हैं? उसके बिना मेरा काव्य जीवित ही कैसे रहेगा? शाकुन्तलम् से श्रेष्ठ काव्य-रचना अब नहीं होगी। लेकिन यह सब उसे कैसे बताऊँ? मेरे पास न मेघदूत है, न भ्रमर। अब तो बस पावन वीथी में खड़े-खड़े तपस्या करना ही मेरे भाग्य में है।

कपिल : पावन वीथी? वहाँ क्यों?

देवदत्त : वहीं वह रहती है।

कपिल : तुम्हें कैसे पता?

देवदत्त : कल संध्या को पावन वीथी में ही उसे मैंने देखा था। नज़र हटाते नहीं बनी और उसके पीछे-पीछे उसके घर तक चला गया।

कपिल : छिः-छिः! लोगों ने क्या कहा होगा?

देवदत्त : पावन वीथी के एक घर के भीतर वह ओझल हो गई। मैं वहीं बाहर साँझ-भर खड़ा रहा, पर वह फिर नहीं आई।

कपिल : कैसा घर था? घर का रंग?

देवदत्त : याद नहीं।

कपिल : कितनी मंज़िलें थीं?

देवदत्त : ध्यान नहीं दिया।

कपिल : यानी उस घर के बारे में किसी चीज़ पर नज़र नहीं गई?

देवदत्त : उसके घर के द्वार की चौखट पर दो सिर वाला पक्षी खुदा हुआ था। बस, यही देखा। द्वार खटखटाने के लिए उसने

हाथ उठाया तो वह पक्षी से छू गया। पल-भर को लगा, जैसे पक्षी जीवित हो उठा।

कपिल : *(एकदम उछलकर)* तो अब तक क्यों नहीं बताया? बिना बात देर कर दी।

देवदत्त : क्या मतलब?

कपिल : देवदत्त, तुम्हारा मेघदूत, हंस, कपोत तुम्हारे सामने ही बैठा है, और तुम्हें पता तक नहीं! तुम यहीं ठहरो। मैं अभी जाकर उस लड़की के घर और नाम दोनों का पता लगा लाता हूँ।

देवदत्त : *(अविश्वास के भाव से)* कपिल, कपिल!

कपिल : मुँह क्या देखते हो? तुम यहीं बैठो चुपचाप। मैं अभी आया।

देवदत्त : कपिल, तुम्हारा उपकार...!

कपिल : बस, बस! *(जाते-जाते)* पर सुनो, अब भुजा-मस्तक की वे सारी बातें भूल जाओ। इस काम के लिए न दुर्गा चाहिए, न रुद्र। मैं अकेला ही काफ़ी हूँ। *(जाता है)*

देवदत्त : *(एकाएक आशंकित होकर)* लेकिन, कपिल, कपिल! गया, चला ही गया। मैं कितना भाग्यवान हूँ कि मेरा एक मित्र है। पर उसे भेजकर मैंने भूल तो नहीं की? कपिल से यह काम सँभलेगा? खेती-बारी, लुहारगीरी, कुश्ती में तो वह जादूगर है, पर अपढ़ है, व्यवहार-कुशल नहीं। उसे भेजना ठीक नहीं हुआ। वह मेरी रही-सही आशाओं पर भी पानी फेर देगा। माँ कालिके, प्रभु रुद्रदेव, मैं अपनी प्रतिज्ञा नहीं भूलूँगा। वह मिली तो मेरी भुजाएँ और मेरा मस्तक आपके चरणों में चढ़ेंगे।

[जाता है। भागवत कुर्सी हटाता है। कपिल प्रवेश करता है।]

कपिल : यही है पावन वीथी, व्यापारियों की गली। बाप रे बाप! कितने बड़े-बड़े घर हैं, मानो महल हों! आश्चर्य है, ऐसे घरों की भूलभुलैया में लोग खो क्यों नहीं जाते? अब वह दो सिर वाला पक्षी खोजना है। *(खोजने लगता है)* क्या? यह तो गरुड़ है। और यह कमल है! यह हुआ सिंह, यहाँ शेर है। यह है चक्र और यह! *(सिर खुजलाकर)* कुछ पल्ले नहीं पड़ा। और यह? *(चिढ़कर)* छिः, घोड़ा। गैंडा–फिर एक सिंह। एक और कमाल! *(और चिढ़कर)* कहाँ है वह दो सिरवाला पक्षी? *(फिर पीछे मुड़कर बड़ी बारीकी से देखता हुआ आता है और खुशी से चीख पड़ता है)* हाँ, यही है! यही है! मेरी आँखों से छूट ही जाता। कितनी बारीकी से खुदा हुआ है! आँखें फोड़ो तो दीखे शायद। तो अब किसका होगा यह घर? *(इधर-उधर देखता है)* किससे पूछूँ? आसपास किसी की छाया तक नहीं। इस चिलचिलाती धूप में कौन यहाँ आएगा? घरवालों से ही पूछ लूँ?

[द्वार खटखटाने का अभिनय करता है और सुनने लगता है।]

: पायल की झनक...!

[पद्मिनी कोई गीत गुनगुनाती प्रवेश करती है।]

पद्मिनी : आयो रे आयो रे पहुना सवार।
न जाने किस देश का है सरदार।

कपिल : *(मुँह बाए पद्मिनी को देखता रह जाता है। स्वगत)* मान गया, देवदत्त, मान गया। समझता था, अपनी मंडली में रम्भा सजनेवाली रागिनी से श्रेष्ठ सुन्दरी इस संसार में है ही नहीं। पर यह–इसे यक्षिणी कहूँ–इन्दुमति कहूँ–उर्वशी कहूँ–सब एक साथ।

पद्मिनी : आपने द्वार खटखटाए? ऐसे मूरत बने क्यों खड़े हैं?

कपिल : *(घबराकर)* नहीं, नहीं। जानना चाहता था, यह घर किसका है?

पद्मिनी : आपको किसका घर चाहिए था?

कपिल : यही घर।

पद्मिनी : तो इस घर में किससे काम है?

कपिल : इस घर के स्वामी...?

पद्मिनी : उनका नाम जानते हैं?

कपिल : नहीं।

पद्मिनी : उन्हें पहचानते हैं?

कपिल : नहीं।

पद्मिनी : मिले नहीं, देखा नहीं, ऐसे व्यक्ति से आपको क्या काम है?

कपिल : *(स्वगत)* ठीक तो कहती है। उनसे मेरा क्या काम है? सिर्फ़ उनका नाम चाहिए।

पद्मिनी : सचमुच आप इसी घर की तलाश में थे या कहीं भूल से तो इधर नहीं आ गए?

कपिल : नहीं, नहीं, यही घर है।

पद्मिनी : *(अपने माथे पर उँगली रखते हुए)* यह ठीक है न?

कपिल : *(चौंककर)* हाँ?—हाँ।

पद्मिनी : और आँखें? ठीक हैं?

कपिल : हाँ।

पद्मिनी : *(दाएँ हाथ की चार उँगलियाँ दिखाकर)* कितनी उँगलियाँ हैं?

कपिल : चार।

पद्मिनी : अच्छा, आँखें तो ठीक हैं। फिर माथा भी ठीक ही होगा, आप कहते हैं तो। मगर घर यही है तो हर दरवाज़े पर क्या झाँकते थे? और बड़बड़ा क्या रहे थे?

कपिल : *(चौंककर)* आप कैसे जान गईं?

पद्मिनी : मेरा माथा भी ठीक है और आँखें भी।

कपिल : अच्छा, ऊपर की मंजिल से देख रही थीं?

पद्मिनी : *(धीमी आवाज़ में रहस्य के भाव से)* सुनिए, आपको सावधानी बरतनी चाहिए। इस वीथी में चोरों का बड़ा उपद्रव है और लोग बड़े शक्की हो उठे हैं। कल संध्या को यहीं पर कोई दो घंटे पुतले की तरह खड़ा था, और आज आप चक्कर लगा रहे हैं। अपना भाग्य सराहिए कि मैंने ही आपको देखा। दूसरा कोई होता तो आपको सीधे कोतवाल के पास पहुँचा देता। *(आवाज़ बढ़ाकर)* अब ठीक-ठीक बताइए, आपको किससे काम है?

कपिल : आपसे नहीं कह सकता।

पद्मिनी : अच्छा! फिर किससे कहेंगे?

कपिल : आपके पिताजी...?

पद्मिनी : आपको मेरे पिताजी से काम है या इस घर के स्वामी से?

कपिल : क्यों? दोनों एक ही नहीं हैं?

पद्मिनी : *(बच्चे को समझाने के ढंग से)* सुनिए, मेरे पिताजी इस घर के चाकर भी हो सकते हैं। या इस घर का स्वामी मेरे पिताजी का चाकर हो, या फिर मेरे पिता इसके स्वामी के भाई, बाबा, ताऊ, जमाई—कुछ भी हो सकते हैं। क्यों, ठीक है न?

कपिल : हाँ।

पद्मिनी : ठीक है, तो इनमें से किसे बुलाऊँ?

कपिल : पिताजी को बुलाइए।

पद्मिनी : यदि वे नहीं हों तो?

कपिल : और किसी को बुलाइए।

पद्मिनी : भाई, बाबा, चाचा, ताऊ, जमाई—इनमें से किसे बुलाऊँ?

कपिल : किसी को बुलाइए।

पद्मिनी : पर किसे?

कपिल : *(जल्दी से)* तो अपने भाई को।

पद्मिनी : क्या आप उन्हें पहचानते हैं?

कपिल : नहीं।

पद्मिनी : देखा है?

कपिल : नहीं।

पद्मिनी : नाम जानते हैं?

कपिल : *(तंग आकर)* कृपा करके इस घर के स्वामी या आपके पिता, या उन दोनों को, अगर दोनों अलग-अलग हों तो उनमें से किसी को–दया करके किसी को बुला दीजिए!

पद्मिनी : *(खिलखिलाकर)* नहीं, वैसे नहीं चलेगा।

कपिल : *(आसपास देखकर, स्वगत)* आसपास कोई नहीं। पर देवदत्त को नाम तो बताना ही होगा। वह तभी से गरम तवे पर खड़ा मेरी राह देख रहा होगा। ख़ाली हाथ लौटा तो कभी मुझे क्षमा न करेगा। *(ज़ोर से)* देखिए, देवीजी, एक बहुत ही आवश्यक काम आ पड़ा है। आपके पाँव पड़ता हूँ...।

पद्मिनी : *(उत्सुकता से)* हें, मेरे पाँव पड़ेंगे? सच? बताऊँ, आज तक मैंने ही इस घर के सबके पाँव छुए हैं, मेरे किसी ने नहीं छुए। आप छुएँगे?

कपिल : *(माथे पर हाथ मारकर)* हार गया, चीं बोल गया, मिट्टी में मिल गया! देवीजी, अब तो कृपा कीजिए। घर के किसी नौकर को ही बुला दीजिए!

पद्मिनी : *(निराश भाव से)* यानी मेरे पाँव नहीं छुएँगे? मैं जानती थी। आजकल किसी का भरोसा नहीं करना चाहिए। अच्छा द्वार खोला मैंने। मुझी को दरबान समझिए। बताइए, क्या चाहते हैं?

कपिल : *(मन पक्का करके)* अच्छी बात है! *(खड़े होकर)* आप पंडित विप्रोत्तम विद्यासागर को जानती होंगी?

पद्मिनी : सम्भव है।

कपिल : *(लम्बी साँस भरकर)* तो फिर उनके एकमात्र सुपुत्र देवदत्त को भी जानती होंगी? पिता से भी बढ़कर पंडित, महाकवि, काव्यशास्त्र-विनोद में पूर्ण पारंगत, सज्जन, गुणवान, स्नेहशील, सुकुमार। लम्बे केश, तेजस्वी मुख। अवस्था बीस वर्ष, ऊँचाई सड़सठ अंगुल...।

पद्मिनी : ओफ़्-फ़ो! पर यह सड़सठ अंगुल आपका कौन है?

कपिल : मित्र। संसार में सबसे पक्का मित्र! लेकिन अब मुख्य सवाल यह है कि मेरा मित्र आपका कौन होगा?

[अचानक मौन]

पद्मिनी : *(धीरे-धीरे कपिल के शब्दों का इशारा समझने से लज्जा से लाल होकर)* हाय मैया! *(कहकर भाग जाती है। कपिल देखता रहता है।)*

कपिल : मित्र देवदत्त! मेरा मन बेचैन हो गया। तुम तो सुकुमार हो, तुम्हारा चित्त भी सुकोमल है। एक कड़ी बात, एक कड़ा शब्द तुम सह नहीं पाते; और यह लड़की तो एकदम बिजली है—उतनी ही तेज़ और तीखी। तुम झेल नहीं सकोगे, मित्र! इसे झेलने के लिए लौह पुरुष चाहिए। लेकिन किया क्या जाए? समझाऊँ भी तो तुम मानोगे नहीं। और मैं भी अब कैसे पीछे हटूँ? इसके माता-पिता से मिलकर ही जाऊँगा।

[उसी के पीछे भीतर चला जाता है।]

भागवत : अब यह अपने सुजान रसिकों को समझाने की आवश्यकता नहीं कि क्या हुआ। जो होना चाहिए था, वही हुआ। पद्मिनी धर्मपुरी के एक प्रमुख व्यापारी की सुपुत्री है जिसके घर स्वयं लक्ष्मी बुहारी देती है और देवदत्त के घर स्वयं सरस्वती हाथ जोड़े खड़ी

रहती है। फिर विलम्ब क्यों होता? (विवाह-सूचक संगीत) पद्मिनी देवदत्त की गृहिणी बनी, गृहस्वामिनी बनी। देवदत्त भी कपिल का उपकार नहीं भूला। पुरानी मित्रता पहले की तरह फलती-फूलती रही। देवदत्त-पद्मिनी—पद्मिनी-कपिल। धर्मपुरी के नागरिक इन्हें राम-सीता-लक्ष्मण जैसे समझने लगे। इस प्रकार छह माह बीत गए।

[देवदत्त और पद्मिनी का प्रवेश]

पद्मिनी : बड़ी देर लगाता है यह कपिल! देखो न, अभी तक नहीं लौटा।

[खिड़की से बाहर देखने का अभिनय करती है।]

देवदत्त : कपड़े-लत्ते सब ठीक-ठाक बाँध लिये?

पद्मिनी : हाँ, सवेरे ही।

देवदत्त : और बिस्तर? हो सकता है, बाहर खुले में सोना पड़े। सर्दी है—कम-से-कम दो कम्बल भी चाहिए।

पद्मिनी : तुम चिन्ता मत करो। नौकर ने तीन बाँध दिये हैं।

देवदत्त : और तुम्हारे लिए शॉल, गरम कपड़े...?

पद्मिनी : आज तुम्हें हुआ क्या है? तुम तो पुस्तकों में ऐसे डूब जाते थे कि भोजन के बाद हाथ धोने का भी ध्यान नहीं रहता था; और आज सवेरे से रट लगाए हो कि वह हुआ या नहीं, यह बना या नहीं।

देवदत्त : पद्मिनी, मैं दस बार कह चुका हूँ, तुम्हारी इस दशा में यह यात्रा मुझे पसन्द नहीं। तुम्हें आराम करना चाहिए। वह गाड़ी न जाने कैसी होगी! यात्रा कैसी होगी! पर तुमने मेरी एक न सुनी।

पद्मिनी : पर मुझे क्या हुआ है? तुम बिना बात चिन्ता करते हो। क्या दूसरी कोई स्त्री कभी इस संसार में गर्भवती नहीं

हुई? इतने डरते हो—मैं ज़रा-सी हिली-डुली नहीं कि बस, तुम्हें लगता है, आसमान फट पड़ा। सब ख़त्म...!

देवदत्त : राम-राम, ऐसी बात मत कहो!

पद्मिनी : *(हँसकर)* भूल हुई, लो, जीभ काट लेती हूँ।

देवदत्त : तुम्हें तो कोई दुविधा नहीं, जो आए जी में, बकती घूमती रहती हो—छोटे बच्चों की तरह, दिन-भर उछल-कूद मचाती; और...।

पद्मिनी : *(खिड़की के पास जाकर)* कितनी देर लगा रहा है यह कपिल!

देवदत्त : और दिन-भर बस कपिल, कपिल, कपिल!

पद्मिनी : *(चकित)* ऐसी बात क्यों कह रहे हो?

देवदत्त : क्यों नहीं कहूँ? उस दिन भास का नाटक तुम्हें सुनाना चाहता था, लेकिन उसी समय कपिल टपक पड़ा।

पद्मिनी : ओह, तो वह बात चुभ रही है अभी तक? इसके लिए मुझे क्यों कोसते हो? तुम्हारा ही तो मित्र है। तुम्हीं तो कहते थे कि विवाह से पहले भी रोज आया करता था।

देवदत्त : लेकिन अब मेरी पत्नी भी है—इतना भी नहीं समझ सकता! पहले की तरह अब भी आना-जाना कैसे सम्भव है?

पद्मिनी : बेचारा! उस पर क्यों बरसते हो? भूल मेरी थी। वह तो अपढ़ है, तुम्हारे साथ रहकर उसकी भी कविता में दिलचस्पी हो गई होगी, यह सोचकर मैंने ही उससे आने को कहा था। उसने इनकार भी किया था, लेकिन मैंने ही ज़िद की।

देवदत्त : हाँ, मुझे पता है।

पद्मिनी : तुम बढ़िया काव्य-पाठ करते हो, इसीलिए मैंने उसे सुनने को बुलाया था। मैं अगर जानती कि इसका तुम इतना बुरा मानोगे तो...।

देवदत्त : बुरा नहीं मान रहा, पद्मिनी! कपिल केवल मेरा मित्र ही नहीं, मेरे भाई के बराबर है। सात जन्मों के पुण्य से कपिल-जैसा मित्र किसी को मिलता है। लेकिन मेरी बड़ी इच्छा थी कि एक दिन केवल तुम्हें, अकेली तुम्हें बिठाकर, कविता सुनाऊँ। क्या यह इच्छा अनुचित है कि दो-एक दिन हम दोनों बिलकुल अकेले रह सकें, कोई तीसरा व्यक्ति बीच में न आए? *(रुककर)* अब कपिल आता भी है तो कविता-पाठ थोड़े ही होता है—उसके आते ही तुम्हारी 'कपिल-कपिल' की रट शुरू हो जाती है।

पद्मिनी : यह क्या! कपिल से तुम इस हद तक जलते हो?

देवदत्त : मैं कपिल से जलता हूँ? तुम मेरी हर बात का उलटा अर्थ क्यों लगाती हो, पद्मिनी?

पद्मिनी : *(हँसकर प्यार से)* कितनी जल्दी तुम बुरा मान जाते हो! मैंने तो हँसी में कहा। तुम हँसी की बात बिलकुल नहीं समझते।

देवदत्त : तुम्हारे लिए हँसी होगी, पर मेरी तो साँसत हो जाती है।

पद्मिनी : *(हँसते हुए)* चुप भी रहो! मैं क्या जानती नहीं कि तुम कितने उदार और बड़े दिल वाले हो? तुम्हें किसी से जलन हो, यह असम्भव है। कल को मैं ही कुएँ में डूब जाऊँ, तो जब तक मेरी लाश पानी पर न उतर आए, तब तक तुम्हें मेरा ध्यान भी नहीं आएगा!

देवदत्त : पद्मिनी!

पद्मिनी : ओह, भूल गई! लो, कान पकड़ती हूँ। बस, अब तो ठीक? बचपन से ही बातें कहने की आदत पड़ गई है। सच, तुम कितने सुकुमार हो! इतनी कोमलता से, भगवान जाने, कैसे दिन कटेंगे? सच कहती हूँ, तुम अभी तक बिलकुल बच्चे हो। कभी-कभी तो लगता है,

मेरे बच्चा होने से पहले ही, तुम बच्चे के रूप में पैदा हो चुके हो!

[देवदत्त को ध्यान नहीं देते देखकर पद्मिनी खिड़की के पास जाती है।]

देवदत्त : हूँ!

पद्मिनी : देखो न, अभी-अभी कपिल पर तुम चिढ़ गए। लेकिन क्यों? तुम्हीं तो मेरे सिन्दूर हो, सुहाग हो, मेरे देवता हो। तुमने मेरे जीवन में फूल खिलाए, मेरे सुख के द्वार खोले। फिर भी तुम क्यों झुँझला जाते हो? और वह कपिल—वह इतना भोला है—उसकी हँसी उड़ाने में वक़्त कट जाता है। एकदम उजड्ड वनमानुस ही है। पर मुझसे बातें करने में लाज से ऐसे लाल हो उठता है—जैसे कोई नई दुलहिन हो!

देवदत्त : *(हँसकर)* लेकिन इस दुलहिन को तो कभी लजाते नहीं देखा।

पद्मिनी : इस दुलहिन को लजाना किसी ने सिखाया ही नहीं! अब सीख रही हूँ, उस वनमानुस को देखकर।

[दोनों हँसते हैं। पद्मिनी फिर खिड़की के पास जाती है।]

देवदत्त : *(स्वगत)* सचमुच यह इतनी नामसझ है; या जानबूझकर उससे खेल रही है? इससे पहले कभी कपिल लजाता नहीं था, लेकिन अब पद्मिनी को देखते ही पूँछ हिलाने लगता है। ऐसे बैठकर पद्मिनी का मुँह ताकता रहता है कि उसके मुँह से कोई शब्द धरती पर न गिर जाए। उसकी आँखों में तैरती यह लालसा—क्या सचमुच इसे नहीं दीखती? *(पद्मिनी से)* पद्मिनी, कपिल को स्त्रियों से मिलने की आदत नहीं।

उसने अपनी माँ के सिवाय किसी स्त्री से बातें नहीं की थीं।

पद्मिनी : तुम्हारा मतलब है, उससे बात करने में डर है? तुम्हारी बातों से लगता है, जैसे कपिल तुम्हारा मित्र रहा ही नहीं।

देवदत्त : *(उत्तेजित)* मेरी हर बात को तुम बिगाड़ती क्यों हो?

पद्मिनी : मैंने क्या कहा? *(आत्मीयता के साथ पास आ बैठती है।)* क्यों बात-बात पर चिढ़ते हो? तुम आज उज्जैन नहीं जाना चाहते तो न सही। कपिल से कह देना कि मेरी तबीयत ठीक नहीं।

देवदत्त : *(अपनी उत्सुकता को दबाकर)* लेकिन—तुम्हें दुख होगा।

पद्मिनी : मुझे क्यों दुख होगा? जैसी तुम्हारी इच्छा है, वही करेंगे। याद है, पुरोहित ने क्या कहा था—मैं तो तुम्हारी अर्द्धांगिनी हूँ। उज्जैन फिर कभी चलेंगे। महीने-भर बाद ही वहाँ एक बड़ा मेला लगनेवाला है। तब चलेंगे—क्यों, ठीक है न? आज की यात्रा रद्द कर देंगे।

देवदत्त : तुम्हें निराशा न हो तो—मैं तो यही चाहूँगा। कपिल से ईर्ष्या के कारण नहीं—मुझे कपिल से रत्ती-भर भी ईर्ष्या नहीं। उसका मन तो सोने का है। लेकिन तुम अभी पहली बार गर्भवती हुई हो।

पद्मिनी : पहली बार के क्या मानी? छह महीनों में और कितनी बार कोई गर्भवती हो सकती है?

देवदत्त : *(झुँझलाकर)* लो, फिर शुरू कर दिया...!

पद्मिनी : ना, ना, भूल गई, एक शब्द नहीं बोलूँगी।

देवदत्त : *(गाल पर हलकी चपत मारकर)* बड़ी ढीठ हो, अपनी दुष्टता नहीं छोड़ेगी! ऐसी दशा में गाड़ी में तुम्हारा जाना मुझे ठीक नहीं लगता—बस, इतनी बात है।

पद्मिनी : कहना चाहती थी कि मेरी कोख लोहे की है, लेकिन तुम बुरा मान जाते हो, इसलिए चुप हूँ। *(दोनों हँसते हैं)* चलो, जो तुम्हारी खुशी है, वही मेरी भी।

देवदत्त : *(आनन्द से)* हाँ, घर पर आज हम दो ही रहेंगे—केवल हम दो जने। नौकर-चाकर जा ही रहे हैं, उन्हें कल आने को कह देंगे। आज बस—मैं और तुम! महीनों से हमें एकान्त नहीं मिला।

कपिल : *(नेपथ्य से)* देवदत्त!

देवदत्त : लो, आ गया कपिल। अब तुम्हीं बताना उसे।

[जाने का अभिनय करती है—और मंच के एक कोने में खड़ी बातें सुनने लगती है। कपिल का उत्साहपूर्वक प्रवेश।]

कपिल : बहुत देर कर दी न मैंने? क्या करूँ, देवदत्त! गाड़ीवान के पास गाड़ी तो तैयार थी, लेकिन एक बैल बिलकुल निकम्मा था। देखते ही मैं समझ गया। मैंने कहा—दूसरा बैल जोतो, नहीं तो पन्द्रह दिन में भी उज्जैन नहीं पहुँचेंगे। गाड़ीवान बड़ी चूँ-चपड़ करने लगा।

देवदत्त : कपिल!

कपिल : मैं भी नहीं माना। किराये पर गाड़ी लेने में यही झमेला है। परसों हमारी गाड़ी चित्रपुर नहीं जाती तो...।

देवदत्त : कपिल, आज जाना नहीं हो रहा।

कपिल : *(स्तब्ध होकर)* ओह!

देवदत्त : *(कुछ नहीं सोच पाता है)* पद्मिनी की तबीयत ठीक नहीं।

कपिल : अच्छा, अब तो...

[मौन]

: तो फिर गाड़ी लौटा दूँ?

देवदत्त : हाँ।

कपिल : नहीं तो पूरे तीन दिन का भाड़ा माँगेगा।

देवदत्त : हूँ।

कपिल : *(स्वगत)* यात्रा नहीं होगी। अब मैं दिन-भर क्या करूँ? अगले आठ दिन कहाँ जाऊँ? देवदत्त की बात सुनते ही मुझे ऐसा क्यों लगा, जैसे अचानक किसी ने मेरे आठ दिन छीन लिये हों? यह ख़ालीपन मुझमें क्यों? कपिल, कपिल, सँभल जा, फिसल रहा है तू—अपने को बस में रख—पकड़ ढीली न हो पाए! आठ दिन इधर न आना। न आने से देवदत्त बुरा माने, शायद भाभी नाराज़ हो जाए—फिर भी मत आना। जा, अभी जा। *(ज़ोर से)* तो मैं चला।

देवदत्त : *(अपने को कड़ा बनाता हुआ)* थोड़ी देर बैठो, ऐसी जल्दी क्या है?

कपिल : नहीं, हमारी बातों से भाभी को कष्ट होगा।

देवदत्त : हाँ, यह तो ठीक है। अच्छा, तो फिर आना।

कपिल : हाँ, हाँ।

[चलने लगता है। पद्मिनी बड़ी उतावली से आगे आती है।]

पद्मिनी : ऐसे क्यों खड़े हो? चलना नहीं है? बड़ी देर हो गई।

[दोनों आश्चर्य से उसी की ओर देखते हैं।]

कपिल : *(सकपकाकर)* पर भाभी, तुम्हारी तबीयत ठीक नहीं, तो फिर...?

पद्मिनी : मुझे क्या हुआ है? सिर में थोड़ा-सा दर्द था, वह सोंठ के लेप से ठीक हो गया। इतनी-सी बात के लिए कार्यक्रम क्यों बदलें?

[देवदत्त कुछ कहते-कहते रुक जाता है।]

: तुम भी खूब हो! सवेरे से कहते थे--उज्जैन जाना है, जाना है; और अब क्या हो गया? इन्हें तो बेकार चिन्ता लगी रहती है पर तुम क्यों मुँह बाए खड़े हो?

कपिल : नहीं भाभी, अगर सिर में दर्द है...।

पद्मिनी : कहा न, कुछ नहीं हुआ। अब क्या सिर फोड़कर दिखाऊँ कि उसमें दर्द नहीं है?

देवदत्त : नहीं पद्मिनी, इस दशा में...?

पद्मिनी : *(ध्यान न देकर)* कपिल, बाहर की उन गठरियों को ज़रा गाड़ी में रख देना, बाक़ी नौकर ला देगा। *(कपिल देवदत्त की ओर देखता है)* जल्दी करो न, नहीं तो मैं खुद उठाकर रख दूँगी।

[कपिल जाता है। पद्मिनी देवदत्त के पास आ जाती है।]

: बुरा मत मानो, देवदत्त! देखा नहीं, तुम्हारी बात सुनते ही बेचारा कैसा उदास हो गया! मुझसे रहा नहीं गया। दो दिन से हमारे लिए दौड़-धूप कर रहा था।

देवदत्त : *(मुँह फेरकर)* पूजा की मंजूषा कहाँ रखी है? उसे मैं ही लाता हूँ।

पद्मिनी : *(हँसकर)* तुम देवता हो! मैं जानती थी, तुम बुरा नहीं मानोगे। मंजूषा मैं लाती हूँ। वह तो हलकी है।

[जाती है।]

देवदत्त : *(स्वगत)* और मुझे जो निराशा हुई, उसकी तुम्हें कोई चिन्ता नहीं? *(ज़ोर से)* नहीं, मैं ही लाता हूँ। तुम मत उठाओ।

[भीतर चला जाता है।]

भागवत : *(गाकर)* ओ हृदय, तू काँपता क्यों है?

नीचे से निकलते साँप के कारण मुरझाती
छुई-मुई की तरह क्यों सिकुड़ता है?
सुहाग वृक्ष पर माथा ताने सूरज खड़ा है।
हृदय से मस्तक विदा ले रहा है।

[तीनों एक ही दिशा से प्रवेश करते हैं। गाड़ी में बैठे हुए आने का अभिनय करते हैं। कपिल गाड़ी हाँक रहा है।]

पद्मिनी : वाह, कपिल! गाड़ी कितनी अच्छी हाँकते हो! हाथ का हिलना भी नहीं दिखाई देता, पर बैल अपने आप जिधर चाहो, मुड़ते जाते हैं।

[कपिल खुशी से हँसता है।]

: थोड़ी देर यहीं क्यों न रुकें? सवेरे से गाड़ी में बैठे-बैठे मेरे तो पाँव जम गए हैं।

कपिल : ज़रूर। अभी गाड़ी रोके देता हूँ।

[गाड़ी जैसे रुकती है, तीनों उतरते हैं। तभी पद्मिनी का पाँव ज़रा फिसलता है और देवदत्त सँभालता है।]

पद्मिनी : बड़ा ही विकट रास्ता है! इतना पथरीला कि पाँव टिक ही नहीं पाते। गाड़ी में तो पता ही नहीं चलता था। तुम ऐसे हाँक रहे थे, मानो गाड़ी तैर रही हो! मुझे याद है, एक बार देवदत्त मुझे गाड़ी में ले गए। विवाह के तुरन्त बाद की ही बात है—मैंने नगर के बाहर झील दिखा लाने की हठ की थी। बस, घर से निकल पड़े—हम दो ही। देवदत्त हाँक रहे थे—मेरी इच्छा नहीं थी, फिर भी। नगरकोट का फाटक भी नहीं पार किया होगा कि दोनों बैल रास्ते को छोड़कर चलने लगे। ये दाएँ हाँकते तो बैल

बाएँ मुड़ जाते और बाएँ हाँकते तो दाएँ निकल जाते। मेरा हँसते-हँसते बुरा हाल। पर श्रीमानजी इतने बिगड़े...कि वैसे ही लौट आए!

[हँसती है। पर वे दोनों चुप रहते हैं।]

: कपिल, वह क्या फूल है, जिनसे वह पेड़ लदा पड़ा है?

कपिल : उन्हें सुहाग के फूल कहते हैं।

पद्मिनी : बड़ा विचित्र नाम है। क्यों कहते हैं?

कपिल : ठहरो, तोड़े लाता हूँ। आप ही समझ जाओगी।

[जाता है।]

पद्मिनी : *(कपिल को निहारते हुए स्वगत)* कैसे बन्दर की तरह पेड़ पर चढ़ गया! कहने से पहले ही कुरता उतार, धोती कस एक ही छलाँग में डाली पर पहुँच गया, जैसे फुर्ती का फव्वारा हो! कैसी सुडौल काया, चौड़ी पीठ, तरंगों की-सी थिरकती मांसपेशियों से भरे समुद्र की तरह! और वह छोटी पतली कमर—निहारती रही तो रोम-रोम खिल उठा!

देवदत्त : *(स्वगत)* दिन-भर कितना बोल रही थी, साँस तक न लेती थी, पर अब—क्यों चुप हो गई?

पद्मिनी : *(स्वगत)* जैसे किसी गन्धर्व ने शिकारी का जन्म लिया हो! उसकी देह थिरकती है, अंग-अंग फड़कते हैं, जैसे कोई नृत्य हो!

देवदत्त : *(स्वगत)* पद्मिनी का भी क्या दोष? कपिल का शरीर ही इतना आकर्षक है! अचरज है, इतने बरस साथ रहे, पर इस आकर्षण का भान तक नहीं हुआ। कितना अबोध था, एकदम बच्चा!

पद्मिनी : *(स्वगत)* न जाने यह किस भाग्यशालिनी का हाथ थामेगा! यह सुडौल काया, कोई भी नारी मुग्ध हो जाए!

देवदत्त : *(स्वगत)* सच। कोई भी नारी मुग्ध हो जाए—क्वाँरी हो, चाहे सुहागिन। हाँ, क्वाँरी चाहे सुहागिन। कैसा मूर्ख था मैं! आज तक कपिल की केवल याचना-भरी दान की भीख माँगती आँखों को ही देखा था, पद्मिनी की आँखें नहीं पढ़ी थीं। जब कभी देखा भी, सतह के नीचे न झाँक सका। आज ही—गहराई की झलक मिली है—और वहाँ से उठती लपटें दिखाई पड़ रही हैं। आज! इतने दिनों बाद! *(विचलित होकर)* देख, देवदत्त, देख! अच्छी तरह देख! पद्मिनी की आँखों से लपकती उस पीली-जामुनी ज्वाला को देख! देख, वह कैसे अपने सम्पूर्ण अन्तरंग को पिघलाकर कपिल के साँचे में उँड़ेल रही है। देख! भले ही तेरी अँतड़ियाँ झुलस जाएँ—भले ही फेफड़े जलकर राख हो जाएँ—पर मुँह न फेर! देख—और चीख मत! अपनी यातना को गले में ही घोंट दे! अपनी संगिनी की आँखों में झाँक—तब तक झाँकता रह जब तक उनकी मयूरी ज्वाला में तेरा अन्धापन भस्म न हो जाए! अब काया मत बन!

पद्मिनी : *(स्वगत)* ऐसे कब तक चलेगा? कब तक? हे ईश्वर, आगे क्या होगा? अगर देवदत्त ने देख लिया...?

[दोनों की नजर मिल जाती है। पद्मिनी आँखें फेर लेती है, और कपिल को आते देखकर हँस पड़ती है।]

: अरे देखो न, एक फूल माँगा तो ढेर सारे ला दिये!

[कपिल अँजुरीभर फूल लाने और पद्मिनी के सामने उन्हें गिराने का अभिनय करता है।]

कपिल : भाभी, ये ही हैं वे सुहाग के फूल।

पद्मिनी : *(हँसकर)* सुहाग के फूल क्यों?

कपिल : यह देखो, पीली पँखुरियाँ, और इन पँखुरियों के तल में एक बड़ा लाल घेरा–जैसे तुम्हारी सिन्दूर की बिन्दी और यहाँ–जहाँ पराग फूटा है वहाँ–माँग में भरी सिन्दूरी रेखा। देख लो। और डंठल के पास ये काली-काली बिन्दियाँ, जैसे तुम्हारे मंगल-सूत्र की काली मणियाँ हों!

पद्मिनी : वाह! कितनी सुन्दर कल्पना है! *(देवदत्त से)* अपनी कविता में उपयोग करना। बढ़िया उपमा होगी।

देवदत्त : अब चलो, बहुत देर हो गई।

पद्मिनी : जरा रुको न। सवेरे से गाड़ी में बैठी-बैठी उकता गई हूँ। थोड़ा यहीं आसपास क्यों न टहलने चलें? मुझे पता ही नहीं था कि उज्जैन का रास्ता इतना सुहावना है।

कपिल : बाकी लोग दूसरे रास्ते से जाते हैं। यह रास्ता थोड़ा बीहड़ है, इसलिए इधर से अधिक लोग नहीं जाते। पर मुझे यही पसन्द है–और यह दस कोस छोटा भी है।

पद्मिनी : दस कोस लम्बा भी होता तो भी बुरा न लगता। एकदम बाग जैसा लगता है।

कपिल : *(उत्साह से)* है न? भाभी, उधर देखो, यह भार्गवी नदी है। कहते हैं, उसी के पास व्यासजी का आराम था–और अब वहाँ भगवान रुद्र का मन्दिर है।

देवदत्त : *(जैसे अचानक जागकर)* भगवान रुद्र का मन्दिर?

कपिल : हाँ, बड़ा सुन्दर मन्दिर है। और वहाँ, उस पहाड़ के पीछे माँ काली का मन्दिर है।

[दो परदेवाले आते हैं और काली के चित्र वाला पर्दा थामे खड़े हो जाते हैं। भागवत सामने एक तलवार रख देता है।]

: कहते हैं, एक जमाने में यहाँ बड़ी भीड़ हुआ करती थी पर अब तो खँडहर रह गया है।

देवदत्त : *(स्वगत, अपनी ही धुन में खोया)* भगवान रुद्र का मन्दिर!

कपिल : हाँ, वह भी पुराना है। फिर भी उतना टूटा-फूटा नहीं जितना काली का मन्दिर। चाहो तो देखने चल सकते हैं।

पद्मिनी : हाँ, हाँ, चलें।

देवदत्त : तुम लोग पहले काली का मन्दिर क्यों नहीं देख आते?

कपिल : नहीं, वहाँ नहीं। बहुत उजड़ा पड़ा है। आसपास साँप की बाँबियाँ, चमगादड़। रास्ता भी काफी कँटीला है। रुद्र मन्दिर चल सकते हैं। वह पास भी है।

पद्मिनी : चलो न, देख आएँ!

देवदत्त : तुम दोनों हो आओ, मैं नहीं।

पद्मिनी : और तुम क्या करोगे?

देवदत्त : यहीं बैठा रखवाली करूँगा।

कपिल : नहीं, नहीं, यहाँ चोर-डाकुओं का कोई डर नहीं है। *(तनाव को अनुभव करके)* तुम कहो तो मैं यहाँ ठहर जाऊँ?

देवदत्त : नहीं, नहीं, तुम दोनों जाओ। मैं थक भी गया हूँ।

पद्मिनी : *(स्वगत)* लो, इन्होंने फिर शुरू कर दिया अपना चिड़चिड़ापन। बच्चों की तरह अकड़ रहे हैं। ठीक है, जो जी में आए, करें। मेरा क्या? *(जोर से)* चलो कपिल, हम देख आएँगे।

कपिल : लेकिन भाभी, तुम्हारी ऐसी दशा में...?

पद्मिनी : *(चिढ़कर)* दशा! दशा! कौन-सी दुर्दशा हो गई है मेरी? नहीं चलना है, तो वैसा कहो, बिना बात बहाने मत बनाओ।

कपिल : देवदत्त, मन्दिर कोई दूर नहीं, चलो न!

देवदत्त : कहा न, तुम दोनों ही जाओ। मेरी चिन्ता मत करो।

पद्मिनी : छोड़ो। कोई नहीं जाएगा। मेरी वजह से तुम दोनों को क्यों कष्ट हो?

देवदत्त : *(कपिल से)* मैं कह रहा हूँ, तुम दोनों जाओ।

कपिल : *(लाचारी से)* चलो भाभी, देखकर जल्दी लौट आएँ।

[दोनों जाते हैं।]

देवदत्त : जाओ, पद्मिनी! जाओ, कपिल! भगवान रुद्र का आशीर्वाद तुम दोनों पर रहे। तुम दोनों मेरे हृदय के दो टुकड़े हो—एक होकर रहो। उसी में मुझे शान्ति मिलेगी। *(विह्वल होकर)* पिता रुद्र! मेरा हाथ काँप रहा है। मैं नहीं जानता था, मैं इतना डर जाऊँगा। मुझे साहस दो, प्रभु, साहस दो!

[महाकाली के मन्दिर की ओर बढ़ता है, पहाड़ चढ़ने का अभिनय करता हुआ। रंगमंच की एक परिक्रमा लगाकर मन्दिर पहुँचता है। थका हुआ है और आते ही काली के सामने सिर नवाता है।]

: माँ, भवानी, माँ कालिका, दुर्गे, महामाया, मैं अपना वचन भूल गया था। मुझे क्षमा कर, माँ! तूने मेरी इच्छा पूरी की, पद्मिनी मेरी अर्धांगिनी हो गई। उसी दिन मुझे अपना वचन याद आना चाहिए था। लेकिन तेरे दिए भोग-विलास में मैं तुझी को भूल गया। ले, अब उसी वचन को पूरा करने आया हूँ। *(सामने पड़ी तलवार को उठाकर)* तेरी महिमा अपार है। वचन पूरा करने के लिए तूने तलवार भी जुटा रखी है। नहीं तो इस दुर्गम स्थान में तलवार कहाँ से आती? या कोई देवी या भक्त, कोई कापालिक या शिकारी उसे यहाँ छोड़ गया हो! कौन जाने इस तलवार ने कितने जीवों

की बलि तेरे चरणों में चढ़ाई हो? *(ऊँची आवाज में)* ले, माँ, मेरा मस्तक। यह तुच्छ भेंट अपने चरणों में स्वीकार कर।

[सिर काटने के लिए तलवार उठाता है। तलवार की धार को गर्दन पर गड़ाए जाता है। बड़ा कष्ट होता है, छटपटाता है, और शक्ति लगाता है। अन्त में सिर अर्थात् मुखौटा शरीर से अलग हो जाता है। सम्भव हो तो रक्त की बहती धारा दिखाई जा सकती है। सन्नाटा। इसी समय दूसरी ओर से पद्मिनी और कपिला अपनी गाड़ी के पास आ जाते हैं। पद्मिनी बातें करती हुई प्रवेश करती है।]

पद्मिनी : ये भी साथ होते तो बड़ा आनन्द आता। कितनी सुहावनी जगह थी! पर करें क्या? ऐसी चीजों में इनका मन रमता ही नहीं। सौ बार कहा होगा—(देवदत्त को न पाकर) कहाँ गए?

[दोनों इधर-उधर देखने लगते हैं।]

: कहा था, थका हूँ, यहीं बैठा रहूँगा।

कपिल : देवदत्त! *(अस्थिर भाव से)* कहाँ चला गया?

पद्मिनी : यहीं कहीं गए होंगे। आ जाएँगे। बहुत ढीले हैं, तनिक चले नहीं कि...।

कपिल : देवदत्त! देवदत्त!

पद्मिनी : क्यों बिना बात चिल्ला रहे हो? बैठो, आते होंगे।

[कपिल जमीन पर कुछ देखता है और उसके मुँह से आश्चर्य की चीख निकल पड़ती है।]

: क्या है?

कपिल : उसके पाँवों की छाप। लगता है, देवदत्त उधर--उस तरफ गया है। *(रुककर)* लेकिन वहाँ तो महाकाली का मन्दिर है!

पद्मिनी : जाने इन्हें क्या हो गया आज? रुद्र मन्दिर नहीं चले—अकड़े रहे; और अब आप ही टहलने चले गए।

कपिल : भाभी, तुम यहीं बैठी रहो। मैं एक बार देख आता हूँ। पता नहीं, कहाँ निकल गया!

[जाने लगता है।]

पद्मिनी : अब तुम कहाँ भटकने चले? आ जाएँगे। दिनदहाड़े यहाँ किसका डर है?

कपिल : *(जाते-जाते)* नहीं, भाभी। बड़ा घना जंगल है, चट्टानें हैं। रास्ता भटक गया तो सारी रात यहीं बितानी पड़ेगी। तुम ठहरो, मैं बस गया और आया।

[चला जाता है।]

पद्मिनी : यह भी चला गया! सचमुच लगता है, इसे मुझसे ज्यादा उनकी चिन्ता है।

[पद्मिनी बैठ जाती है। कपिल देवदत्त के पाँव के निशानों का पीछा करता हुआ बड़ी शीघ्रता से मन्दिर में पहुँचता है। वहाँ देवदत्त का शरीर देखकर भय से चीखने को होता है। फिर दौड़कर देवदत्त के पास घुटनों के बल बैठता है और देवदत्त के मस्तक को लिए अस्फुट स्वर में कराहने लगता है।]

कपिल : सिर काट दिया! अपना सिर काट दिया! हाय, मेरे मित्र देवदत्त! यह तुमने क्या किया? सचमुच तुम मुझसे रूठ गए? तुम्हें मुझसे इतनी विरक्ति थी, इतनी घृणा थी?

अपने क्रोध में शायद तुम भूल ही गए कि मैं तुम्हारे लिए मरने को भी तैयार हूँ। तुम कहते, चिता में कूद पड़ो, तो बिना झिझक कूद जाता। कहते, देश छोड़ दो, तो दूर देशान्तर निकल जाता। कहते, जाकर नदी में डूब जाओ, तो खुशी से डूब मरता। क्या तुम्हें मेरा इतना भी भरोसा नहीं रहा कि मुझे आदेश दो? हाँ, मैंने भूल की थी। पर तुम तो जानते थे, मैं नादान हूँ, मुझे अच्छे-बुरे की समझ नहीं, मैं सोच नहीं पाता। बस, इसी बात पर तुमने मुझे अपने से दूर हटा दिया? देवदत्त, मेरे भाई, मेरे पिता, मेरे मित्र! *(तलवार उठाकर)* मेरे प्यारे मित्र, मुझसे दुखी होकर तुमने यह संसार छोड़ दिया, लेकिन परलोक में तो मिलोगे? अपने पुराने मित्र को स्वीकार तो करोगे? लो, मैं आता हूँ—सदा की तरह, तुम्हारे ही चरण-चिह्नों पर चलता हुआ।

[सिर काट लेता है बिना किसी कष्ट के।]

पद्मिनी : *(अपने स्थान पर बैठे-बैठे ऊबकर)* कहाँ गए दोनों? यह कपिल भी गायब हो गया। अभी तक उन्हीं को ढूँढ़ रहा होगा? नहीं, यह सम्भव नहीं। वे तो इतने कमजोर हैं—ज्यादा दूर नहीं गए होंगे। कपिल ने अब तक तो ढूँढ़ ही लिया होगा। पता नहीं, इतनी देर तक दोनों कहाँ बैठे होंगे! होंगे कहीं गप्पें मारते। स्त्री का जंजाल छूटा, पुराना मित्र अकेले में मिला—तो बस, घंटों बातें किया करो—या सचमुच ये रूठे हों और अब कपिल को सामने बिठाकर अपनी चुप्पी से कपिल को सता रहे हों! पहले से ही माथा गरम था। *(विराम)* अभी तक कोई नहीं आया। अँधेरा हो रहा है। कैसे निर्लज्ज हैं दोनों! मुझ अकेली को यहाँ छोड़ गए। रत्ती-भर भी मेरी परवाह नहीं। नहीं, यहाँ रहने में कोई लाभ नहीं। चलूँ, खुद ही उन दोनों को ढूँढ़ूँ।

मुझे रास्ते में साँप काट ले तो उन्हें तो अच्छा ही है। बला टली!

[देवदत्त के पाँव के निशानों पर चलती हुई मन्दिर तक पहुँचते-पहुँचते थक जाती है। आँखें मलकर अँधेरे में कुछ देखने की चेष्टा करती है।]

: कितना घुप्प अँधेरा है यहाँ! कुछ नहीं दिखाई देता। *(आवाज देकर)* कपिल, कपिल! लगता है, वे भी यहाँ नहीं हैं। मैं क्या करूँ अब? इतनी रात गए! अकेली! *(खटका सुनाई पड़ता है)* मैया री! कौन है? सियार—शायद यही बाहर चक्कर लगा रहा होगा। अगर कहीं भीतर आ गया तो? हाय राम—जान बची! चला गया। माँ काली, तू ही मेरी रक्षा कर! तेरी ही शरण में, माँ! *(शरीरों से टकराती है। चौंककर)* क्या है? यह क्या है?

[टटोलकर देखती है, फिर सहसा चीख पड़ती है, रोने लगती है।]

: हाय भगवान! यह क्या हुआ? दोनों के दोनों! दोनों चल दिये। मरने से पहले मुझे याद तक नहीं किया! अब मैं क्या करूँ? हाय देवदत्त, मैंने ऐसा कौन-सा अपराध किया कि ऐसी हालत में मुझे अकेली छोड़ गए? मुझ पर तुम्हारा इतना ही प्यार था? और, कपिल, तुम भी? कुत्ते की तरह गिड़गिड़ाती आँखों से मुझे देखते थे। तुमने भी मेरा विचार नहीं किया? कितने स्वार्थी हो तुम दोनों? निर्दयी! माँ दुर्गा, अब तू ही राह बता। अब तेरे सिवाय कौन है मेरा? कहाँ जाऊँ? क्या करूँ? अपने घर जाऊँ? पर कैसे? *(विराम)* घर! घर जाकर भी क्या करूँगी? कौन-सा मुँह लेकर जाऊँगी? क्या कहूँगी? क्या समाचार दूँगी? कौन मेरा भरोसा करेगा? लोग तो कहेंगे, इस

कलमुँही के पीछे दोनों लड़ मरे। हाँ, यही कहेंगे—कहेंगे ही। तो फिर मेरा क्या होगा? *(यह सोचते ही शरीर थरथरा जाता है)* नहीं, माँ! नहीं! कपिल चला गया, देवदत्त चला गया—अब मैं भी उनके साथ ही चलूँ। *(तलवार उठाती है)* अपना सिर काट लेने की शक्ति भी मुझमें नहीं है, लेकिन माँ, तुझे क्या—कोई कैसे भी मरे? तुझे तो एक और बलि चाहिए। ले, स्वीकार कर तीसरी बलि!

[अपने सीने पर तलवार रखती है और दोनों हाथों से तलवार की धार पर अपने सीने को दबाती है। उसी समय देवी के चित्रवाले परदे के पीछे से देवी की आवाज सुनाई पड़ती है :]

देवी : ए!

[पद्मिनी भय से सुन्न पड़ जाती है।]

: रख नीचे, तलवार नीचे रख!

[पद्मिनी तलवार फेंक भय से मन्दिर के बाहर दौड़ती है, लेकिन वहाँ किसी को नहीं पाती है।]

पद्मिनी : कौन है? *(उत्तर नहीं। काँपती आवाज में)* कौन है?

[मादलों का शोर। भय से पद्मिनी आँख-कान बन्द कर लेती है। परदे के पीछे से महाकाली की पसारी हुई लाल हथेली दिखाई देती है। परदा नीचे आता है और पीछे खड़ी देवी दिखाई देती है। पसरे हाथ, खुला मुँह, देवी बड़ी भयानक लगती है। पर जैसे ही बाजे थम जाते हैं, तो लगता है, देवी अँगड़ाई ले रही थी और जम्हाई ले रही थी।]

देवी : *(जम्हाई की पूरी प्रक्रिया के बाद)* आँखें खोल, हाँ, शीघ्र आँखें खोल—देरी मत कर!

[पद्मिनी आँखें खोल देखती है और दौड़कर चरणों में गिर पड़ती है।]

पद्मिनी : माँ! देवी!

देवी : *(उनींदी आवाज में)* हाँ, मैं ही हूँ। बरसों पहले यहाँ इस समय मंगल आरती होती थी। सारे भक्त मिलकर घंटा, घड़ियाल, मादल, पखावज, ताल, मंजीरा, शंख इतने जोर से बजाया करते थे कि कान फट जाते। उस भयंकर शोर से आरती की वेला मैं पूरी तौर से जागी रहती थी। पर अब न भक्त हैं, न आरती। जागे रहने की आदत भी छूट गई है। *(फिर जम्हाई लेती है)* हाँ, ठीक। अब तू क्या चाहती है, बता, मैं तेरे ऊपर प्रसन्न हो गई हूँ।

पद्मिनी : माँ, मुझे बचाओ!

देवी : वह तो जानती हूँ। अभी-अभी बचाया न?

पद्मिनी : हाय, माँ! इसे बचाना कहती हो तुम? अब बचकर भी कहाँ जाऊँ? कौन-सा मुँह लेकर घर लौटूँ? कैसे अपना...?

देवी : *(कुछ चिढ़कर)* हाँ-हाँ, वह सब तो पहले सुना चुकी है। दुहराने की आवश्यकता नहीं। अब जो मैं कहूँ सो कर। इन मस्तकों को उनके धड़ों पर ठीक से लगा। फिर उस तलवार से उनकी गर्दनों को दबा दे। वे दोनों तुरन्त जी उठेंगे। अब तो ठीक?

पद्मिनी : माँ, तुम्हारा ही सहारा है, तुम ही साँस हो—तुम ही अन्न हो—जल—!

देवी : बस, बस! जो कहा सो कर। जल्दी। मैं नींद से लड़खड़ा रही हूँ।

पद्मिनी : *(हिचकती हुई)* माँ, एक बात पूछूँ?

देवी : हाँ, हाँ, पर थोड़े में।

पद्मिनी : माँ, तुमसे कौन-सी बात छिपी है! भूत-भविष्य-वर्तमान सब तुम्हारी हथेली पर है, तो फिर देवदत्त को तुमने क्यों नहीं रोका? कपिल को क्यों नहीं रोका? उनमें से एक को भी बचा लेतीं तो इस यातना से, इस आतंक से मैं बच जाती। तुम क्यों चुप रहीं?

देवी : *(आश्चर्य से)* इस घड़ी बस यही बात सूझी तुझे?

पद्मिनी : माँ!

देवी : तेरा-जैसा माँगने वाला मैंने कभी नहीं देखा।

पद्मिनी : तुमसे कोई कुछ नहीं छिपा सकता, माँ!

देवी : यह सच है।

पद्मिनी : तो फिर तुमने उन्हें क्यों नहीं रोका?

देवी : रोकने की बात कहती है? मैं इतनी उनींदी न होती तो दोनों को निकाल बाहर करती।

पद्मिनी : क्यों, माँ?

देवी : दुष्ट कहीं के! मरते दम तक झूठ बोलते रहे। वह देवदत्त—उसने शपथ ली थी, मेरे आगे भुजाएँ और रुद्र के आगे मस्तक चढ़ाएगा। देखा! मेरे लिए बस भुजाएँ और रुद्र के लिए मस्तक! पर जब तुमने रुद्र मन्दिर जाने की हठ की तो यह और कहाँ जाता? यहीं आना पड़ा। बस, अपना सिर चढ़ा दिया। ऐसा है महान भक्त देवदत्त—पाखंडी दुनिया भर का! और दूसरा वह कपिल! मेरे आगे सिर चढ़ाया, पर मरते-मरते भी मित्र-मित्र रटता रहा। एक बार भी मेरा नाम नहीं लिया। शिष्टता के नाते भी नहीं—पाजी! और पक्का झूठा! बोला, मित्रता के लिए मरता हूँ—मित्रता के लिए! डरपोक! उसे जरूर लगा होगा कि लोग कहेंगे, तेरे लिए उसने देवदत्त की हत्या की। यह डर न होता तो जरूर तेरे ऊपर अधिकार जमाता। पर राक्षस मरते

दम तक : 'मेरे मित्र! मेरे भाई!' चिल्लाता रहा। सच बस तू ही बोली।

पद्मिनी : सब तुम्हारी ही कृपा है माँ।

देवी : मेरी कृपा-वृपा कुछ नहीं। तू भी स्वार्थिनी है—इसीलिए सच बोली, बस। अब बेकार की बातें छोड़। मैंने कहा, वह कर। आँख मीचकर खड़ी न हो।

पद्मिनी : जो आज्ञा, माता!

[पद्मिनी हड़बड़ी और उतावली में धड़ों पर सिर लगाती है, यानी मुखौटों को चिपका देती है। पर घबराहट में मुखौटे बदल जाते हैं—देवदत्त का मुखौटा कपिल के शरीर पर और कपिल का देवदत्त के शरीर पर। गर्दनों को तलवार से दबाती है। माता के चरणों में माथा टेकती है, और फिर रंगमंच पर आगे आकर देवी की तरफ पीठ करके आँखें मींचकर खड़ी हो जाती है।]

: सब कुछ कर दिया, माँ!

देवी : *(जैसे हार मानकर)* बेटी, सच्चाई की भी कोई सीमा होनी चाहिए। खैर, चलो—तथास्तु!

[फिर मादल-मृदंगों की आवाज। परदा उठाया जाता है और देवी परदे के पीछे चली जाती है। और जैसे ही आगे का दृश्य आरम्भ होता है, परदेवाले भी रंगमंच से हट जाते हैं।

पद्मिनी आँखें बन्द किये खड़ी है। मादल-मृदंगों की ध्वनि थम जाती है। थोड़ी देर के लिए गहरा सन्नाटा। फिर धीमे-धीमे देवदत्त और कपिल के शरीर हिलने लगते हैं। उनकी साँसें सुनाई पड़ती हैं। वे धीरे से उठते हैं, जैसे समूचा शरीर अकड़

गया हो! दोनों की चाल-ढाल यान्त्रिक है, जैसे शरीर में रक्त का प्रवाह अभी ठीक से शुरू न हुआ हो! कुछ चकराए-से अपने-आप हाथ और मुँह टटोल-टटोलकर पहचानने की कोशिश करते हैं, चारों ओर दृष्टि दौड़ाते हैं।

अब से देवदत्त के मुखौटे वाला देवदत्त और कपिल के मुखौटे वाला कपिल माना जाएगा। दोनों खड़े होने की कोशिश करते हैं। बड़ी कठिनाई हो रही है, अपने को सँभाल नहीं पाते। पर जैसे-तैसे खड़े हो जाते हैं। पद्मिनी निश्चल होकर भ्रम और उत्सुकता से घड़ियाँ गिन रही है।]

देवदत्त : क्या हुआ?

कपिल : क्या हुआ?

[पद्मिनी आँखें खोलती है पर उनकी ओर देखने का साहस नहीं होता।]

पद्मिनी : देवदत्त की आवाज! कपिल की आवाज! *(खुशी से चीखकर)* कपिल! देवदत्त!

[उत्साह से उनकी ओर बढ़ती है, पर दूसरे ही क्षण ठिठककर जड़ खड़ी रह जाती है।]

कपिल : *(पद्मिनी को देखकर धीरे से)* कौन?

देवदत्त : पद्मिनी?

कपिल : क्या हो गया? माथा क्यों भारी-भारी-सा है?

देवदत्त : मेरा शरीर क्यों इतना भारी है?

पद्मिनी : *(दिग्भ्रमित होकर इधर-उधर दौड़ती हुई)* यह...यह मैंने क्या कर डाला? क्या कर डाला? माँ काली, तुम ही अब सहारा दो! हाय राम! अब मैं क्या करूँ? क्या

करूँ? माँ...माँ दुर्गे, तेरे सिवाय कौन है मेरा? क्या करूँ?

देवदत्त : *(जैसे चैतन्य प्राप्त करता हुआ)* क्यों रो रही हो?

कपिल : क्या बात है?

पद्मिनी : क्या बताऊँ, देवदत्त? कैसे समझाऊँ, कपिल? देवी? प्रत्यक्ष प्रकट हुई—उसने तुम दोनों को प्राणदान दिए...लेकिन...लेकिन उतावली में मैंने...मैंने उस अँधेरे में...देवी, तू ही मेरी रक्षा कर! मेरी लाज रख! मुझसे...मस्तकों की अदला-बदली हो गई...सिरों की अदला-बदली हो गई! मुझे क्षमा करो...मुझसे भूल हुई...मैं पापिनी हूँ...जीने योग्य नहीं हूँ...क्षमा करो...क्षमा करो!

कपिल : *(देवदत्त को देखकर)* क्या? सिरों की...?

देवदत्त : *(कपिल को देखकर)* अदला-बदली?

[गहरा मौन। पद्मिनी रोती है। सहसा देवदत्त और कपिल ठहाका मारकर हँस पड़ते हैं, और लगातार हँसे ही जाते हैं।]

कपिल : *(हँसता हुआ)* बदले हुए सिर!

देवदत्त : सिरों की अदला-बदली!

[दोनों आपस में गले लगते हैं। पद्मिनी जो अब तक रोती थी, दोनों को हँसते देखकर पहले भौचक्की-सी हो जाती है।

फिर धीरे से वह भी हँसती हुई उनके पास जाती है।]

कपिल : बदले हुए सिर!

देवदत्त : कैसा कमाल है! इतने बरस केवल मित्रता का सम्बन्ध रहा...।

कपिल : अब रक्त का सम्बन्ध भी हो गया—रक्त का सम्बन्ध!

देवदत्त : हा! हा! पद्मिनी, कितनी कृपा है तुम्हारी। तुम क्षमा माँग रही थीं? तुम्हें तो धन्यवाद देना चाहिए कि...।

[दोनों हाथ में हाथ मिलाए, पद्मिनी का हाथ भी खींचकर गोल-गोल घूमते हैं, नाचते हैं, हँसते हैं।]

तीनों : अदला-बदली।
हेरा-फेरी—
कोई जीता—
बोल, बता दे—
छूटा कौन?

[पद्मिनी हारकर जमीन पर बैठ जाती है। वे दोनों भी पद्मिनी के दोनों तरफ गिर जाते हैं और वहीं पर लोटपोट हो जाते हैं।]

कपिल : ओऽफ! मैं थक गया!

पद्मिनी : दम ही नहीं बचा!

देवदत्त : ऐसा कहीं भी कभी नहीं हुआ होगा।

पद्मिनी : तुम दोनों के सिर फटे देखकर मैं बहुत डरी थी—पर जब तुम दोनों फिर उठ बैठे तब तो कुछ पूछो मत। डर के मारे मेरा बुरा हाल था।

देवदत्त : *(कपिल से)* क्या अब मैं एक छलाँग में पेड़ पर चढ़ सकूँगा?

कपिल : *(देवदत्त से)* और मैं आरती के साथ बायाँ हाथ घुमाए बिना घंटी बजा सकूँगा?

[दोनों के ठहाके]

कपिल : कहने से कोई यकीन नहीं करेगा।

पद्मिनी : *(सहसा)* किसी से कहेंगे ही नहीं।

देवदत्त : अपना भेद अपने पेट में?

पद्मिनी : हाँ, हाँ, पेट में ही तो है।

[तीनों के ठहाके]

कपिल : पर यह कैसे होगा? पता तो लगेगा ही। हमें देखते ही लोग समझ जाएँगे।

देवदत्त : कुछ नहीं समझेंगे।

कपिल : लेकिन...?

देवदत्त : शर्त बदलो!

कपिल : पर यह कैसे सम्भव है?

देवदत्त : देख लेना। अभी से चिन्ता क्यों?

पद्मिनी : अब उज्जैन नहीं, सीधे घर चलेंगे।

कपिल : हाँ, हाँ।

पद्मिनी : चलो, अब चलें।

देवदत्त : इस उज्जैन की जीवन-भर याद रहेगी। चलो।

[तीनों धीरे से उठते हैं। फिर रह-रहकर हँस पड़ते हैं। जैसे ही कपिल और देवदत्त एक-दूसरे को देखते हैं, अपनी हँसी नहीं रोक पाते। पद्मिनी भी बीच-बीच में खूब हँसती है।]

पद्मिनी : *(देवदत्त से)* सुनो, घर के लोगों से यह भेद कैसे छिपाएँगे? तुम्हारा बदन उघड़ते ही वे भाँप लेंगे।

देवदत्त : क्या भाँप लेंगे? मैं और तुम इस तरह से रहेंगे जैसे कुछ हुआ ही नहीं। बस, सब चुप रहेंगे।

कपिल : *(घबराकर)* क्या मतलब?

देवदत्त : अरे, अपने घर के लोगों का शरीर कौन परखता है?

कपिल : मेरा वह मतलब नहीं था।

पद्मिनी : मुझे यकीन नहीं होता। मैं तो अभी से घबराने लगी हूँ। अन्त में गालियाँ मुझपर ही पड़ेंगी।

देवदत्त : घबराओ मत! मैं...।

कपिल : पर तुमसे पद्मिनी का क्या सम्बन्ध?

देवदत्त : *(हठात् रुककर)* क्या मतलब?

कपिल : पद्मिनी मेरे साथ जाएगी। मेरी पत्नी मेरे साथ ही चलेगी न!

[देवदत्त और पद्मिनी दोनों के मुख से आश्चर्यसूचक ध्वनियाँ निकलती हैं।]

पद्मिनी : यह क्या कह रहे हो, कपिल?

कपिल : क्या कह रहा हूँ? तुम देवदत्त की स्त्री हो न? मुझे देवदत्त का शरीर मिला है, इसलिए तुम मेरी स्त्री हुईं।

पद्मिनी : चुप रहो!

देवदत्त : मूर्खों की तरह बको मत। देवदत्त मैं हूँ!

पद्मिनी : *(कपिल से)* लज्जा नहीं आती ऐसी बातें बनाते?

कपिल : *(समझाते हुए)* लेकिन पद्मिनी, देवदत्त का शरीर मेरा है अब।

देवदत्त : हाँ, हाँ, हम जानते हैं। तोते की तरह बार-बार रटने की आवश्यकता नहीं। शास्त्रों के अनुसार सिर ही मनुष्य का चिह्न है।

कपिल : *(अब कुछ नाराज होकर)* होगा, पर यहाँ प्रश्न है--पद्मिनी किसकी पत्नी है? *(दाहिना हाथ उठाते हुए)* विवाह मंडप में इसी ने इसका हाथ पकड़ा था। इसी शरीर के साथ यह पिछले दिनों रहती आई है और इसके पेट में इसी शरीर का बीज पड़ा है।

पद्मिनी : *(तर्क से आतंकित होकर चीखते हुए)* नहीं, नहीं, ऐसा नहीं हो सकता। *(देवदत्त के पास दौड़कर)* नहीं हो सकता न, देवदत्त?

देवदत्त : कभी नहीं, प्रिये! घबराओ नहीं, वह नादान है। तभी अनर्गल बके जा रहा है। *(कपिल से)* विवाह व्यक्ति से

होता है, शरीर से नहीं। इसने देवदत्त के शरीर से नहीं, देवदत्त से विवाह किया था—देवदत्त व्यक्ति से।

कपिल : हाँ, ठीक। लेकिन देवदत्त का शरीर अब मेरा है, इसलिए मैं ही हूँ व्यक्ति देवदत्त।

देवदत्त : मेरी बात सुन लो। अंगों में सबसे ऊपर और सबसे श्रेष्ठ अंग सिर है। वह अंग मेरे पास है। इसलिए देवदत्त स्वयं मैं हूँ। यही शास्त्र-वचन है।

कपिल : शास्त्रों की भली चलाई! उन्हें तुम मनमाना तोड़-मरोड़ सकते हो, पर अग्नि को साक्षी करके इसने इस शरीर के साथ ही विवाह किया था। उसी साक्षी से मैं ही देवदत्त हूँ।

देवदत्त : *(व्यंग्य से हँसकर)* सुना, पद्मिनी? कहता है, देवदत्त हूँ। और शास्त्रों की निन्दा भी करता है। बताओ, देवदत्त कभी ऐसा कर सकता है?

कपिल : तुम बकते रहो। मैं रत्तीभर परवाह नहीं करता। चलो, पद्मिनी!

[उसकी ओर कदम बढ़ाता है, पर देवदत्त सामने आ जाता है।]

देवदत्त : खबरदार!

पद्मिनी : चलो, देवदत्त! इस उजड्ड से क्या उलझना? यहाँ से चलें।

देवदत्त : चलो।

कपिल : *(दोनों के बीच खड़ा होकर)* मेरी स्त्री को कहाँ ले जा रहे हो, मित्र?

देवदत्त : परे हटोगे या फिर मैं...?

कपिल : बीच में तो तुम आकर खड़े हुए!

देवदत्त : *(कपिल को किनारे धकेलकर)* कहा न, परे हट जा, सूअर!

कपिल : *(विजयी भाव से)* देखो पद्मिनी, देखो, देखो, बल दिखा रहा है! और कैसी भाषा! सोच लो, पद्मिनी! देवदत्त कभी ऐसा व्यवहार करता? यह तो कपिल का स्वभाव है।

देवदत्त : चलो, पद्मिनी!

कपिल : जाओ, पर तुम समझते हो, मेरी स्त्री को भगाकर ले जाओगे और मैं चुप बैठा रहूँगा? आखिर जाओगे कहाँ? चलो, मैं भी वहाँ पहुँचता हूँ। जाकर सड़कों पर ऐसा हंगामा मचाऊँगा कि देखना!

पद्मिनी : इसे चीखने दो, तुम चलो।

देवदत्त : *(रुककर)* नहीं, इसे यहीं सुलझना होगा। शहर में बड़ी बदनामी होगी।

पद्मिनी : वहाँ कौन इसकी बातें सुनेगा? चेहरे से सब तुम्हीं को देवदत्त मानेंगे।

कपिल : हा-हा! धर्मपुर के लोग कपिल की फौलादी काया को नहीं पहचानेंगे? सैकड़ों कुश्तियों में देखी है। देखें, लोग पहचानते हैं कि नहीं।

पद्मिनी : *(गिड़गिड़ाती हुई)* हमें क्यों सता रहे हो, कपिल? इतने दिन हमारे मित्र रहे, घर में रहे, और अब तुम्हारा यह बर्ताव?

कपिल : मैं जानता हूँ, तुम क्या चाहती हो, पद्मिनी! देवदत्त का मस्तिष्क और कपिल का फौलादी शरीर।

पद्मिनी : चुप रहो, दुष्ट!

देवदत्त : *(गर्व से)* मान लो, चाहती है, तो इसमें क्या बुराई है? पुरुष के सुन्दर शरीर की ओर स्त्री का आकर्षण स्वाभाविक ही है।

कपिल : ठीक है, पर इसका यह मतलब नहीं कि वह ऐसे आदमी के साथ रहने लगे जो उसका पति नहीं। इसमें जरूर बुराई है।

पद्मिनी : *(रोते हुए)* हाय भगवान! इस बदमाश से कैसे पीछा छूटेगा? चलो, कहीं दूर चलें। कहीं भी—जंगल में—बीहड़ में—चाहे जहाँ।

कपिल : अब तो मुझे जान से मारकर ही तुम सुख से रह सकोगे। मार डालो। मैं कपिल से टक्कर नहीं ले सकता।

पद्मिनी : *(नया तर्क देती हुई)* मैंने तुम्हें जीवन दिलाया, इसका तो उपकार मानो।

कपिल : कैसा उपकार? जीवन नहीं दिलातीं तो तुम विधवा हो जातीं। ऋणी तो उसे होना चाहिए कि मेरी पत्नी ने उसका जीवन बचाया। उलटे वह तुम्हें उठाए लिये जा रहा है।

पद्मिनी : हाय राम!

देवदत्त : इस तरह झगड़ा कैसे सुलझेगा, कपिल!

कपिल : देवदत्त कहो।

देवदत्त : जो भी हो, इस तरह तो समस्या नहीं सुलझेगी।

कपिल : कैसे सुलझेगी? विवाह का अर्थ केवल एक करार होता तो सुलझ जाती, पर पद्मिनी की सनक को समस्या का हल कैसे मान लूँ?

देवदत्त : तो फिर क्या हल है? आखिर इस समस्या का हल क्या है?

[तीनों अपने-अपने स्थान पर जड़वत हो जाते हैं।]

भागवत : क्या है? क्या है उत्तर? इन तीनों अभागों के अधर में लटके जीवन की इस समस्या का आखिर क्या हल है? क्या इनका भाग्य पहेली ही बना रहेगा? ऐसा हुआ तो इस सभा में मौजूद गुणीजनों का अपमान होगा। यह तो उनके गले में प्रश्नचिह्न लटकाकर विदा लेना हुआ। यह उचित नहीं। इसका हल तो खोजना ही होगा। बड़ी

सावधानी से खोजना होगा। जल्दी मचाने से कोई लाभ नहीं। इसलिए अब थोड़ी देर के लिए विश्राम हो जाए—या आप मध्यान्तर कहिए। जाइए, चाय पीजिए, इस परिस्थिति पर विचार कीजिए, और अपने-अपने हल निकालकर लौटिए। उसके बाद यह तलाश आगे चले।

[पटी जन आते हैं और कपिल-देवदत्त-पद्मिनी के आगे परदा तानकर खड़े होते हैं। भागवत और मंडली रंगमंच पर से चले जाते हैं या वहीं चाय मँगवाकर पीते हैं।]

उत्तरार्द्ध

[कपिल-देवदत्त-पद्मिनी के आगे की रंगपटी हट जाती है। वे तीनों मूर्तिवत खड़े हैं।]

भागवत : क्या है? क्या है उत्तर? इन तीन अभागों के अधर में लटके जीवन की इस समस्या का आखिर क्या हल है? क्या इनका भाग्य पहेली ही बनकर रहेगा? ऐसा हुआ तो इस सभा में मौजूद गुणीजनों का अपमान होगा। यह तो उनके गले में प्रश्नचिह्न लटकाकर विदा लेना हुआ। यह उचित नहीं। बहुत प्राचीनकाल में एक समय इस पृथ्वी पर सूर्य के समान प्रतापी राजा विक्रमादित्य का राज्य था। उससे जब बेताल ने यही प्रश्न किया तो राजा ने पल-भर में इस प्रश्न का उत्तर दे दिया था। पर राजा का वह उत्तर, जो तर्कसंगत और शास्त्रोचित था, क्या हमारे आज के समाज के लिए भी मान्य हो सकता है?

: *(गाकर)* हम नहीं मानेंगे!
मुख के भीतर सुरक्षित नाचती
जीभ की किसी भविष्यवाणी को
हम नहीं मानेंगे।
हम पढ़ेंगे भाग्य-लेख उस कपाल पर
जिसे विधाता ने अँतड़ियों से
अलग कर रखा है।

सुलझाएँगे हथेली का वह रहस्यजाल,
जिसे मस्तिष्क नहीं स्वीकार करता।
मापेंगे उन नदियों की छिपी गहराई को
जो हमारी दृष्टि से परे
गुप्त सरोवर के रूप में बहती है।

हाँ, यही उचित होगा। तो, हमारे तीन अभागे अपनी समस्या का उत्तर खोजते-खोजते एक महान ज्ञानी तपस्वी ऋषि के पास पहुँचे। उनके सामने यह प्रश्न रखा गया तो त्रिकालदर्शी ऋषि ने—शायद उन्हें राजा विक्रमादित्य का उत्तर याद आया हो—यह बताया : *(स्वयं गम्भीर स्वर में घोषणा करता हुआ)* जिस प्रकार वृक्षों में कल्पवृक्ष श्रेष्ठ होता है, उसी प्रकार अंगों में मस्तक श्रेष्ठ है, और इसलिए देवदत्त का मस्तिष्क जिसके पास है, वही देवदत्त है और वही पद्मिनी का सच्चा स्वामी है।

[जड़ खड़े तीनों में सहसा चेतना आ जाती है। देवदत्त और पद्मिनी बड़े उत्साह से हो-हल्ला मचाते हुए मंच के एक कोने में चले जाते हैं, और हताश कपिल मंच के दूसरे कोने में।]

देवदत्त : *(पद्मिनी को बाँहों में समेटते हुए)* मेरी प्यारी पद्मिनी, पद्मिनी!

पद्मिनी : मेरे राजा—मेरे स्वामी!

देवदत्त : मेरी नन्ही-सी बिजली!

पद्मिनी : मेरे जीवन के आलोक!

देवदत्त : मेरी हथेली की मल्लिका!

पद्मिनी : मेरे गन्धर्व, मेरे इन्द्र!

देवदत्त : मेरी शची!

पद्मिनी : *(देवदत्त की भुजाओं पर हाथ फेरती हुई, उत्सुकता से)* चलो, मुझे ले चलो। वहाँ ले चलो जहाँ कोमल मिट्टी बिछी हो, जहाँ घनी हरियाली हिंडोला झूल रही हो।

देवदत्त : चलो वहाँ, जहाँ वट वृक्ष के चँदोवे ने आकाश को छिपा लिया हो।

पद्मिनी : यह विशाल वृक्ष--मुझे और कौन-सा चँदोवा चाहिए?

देवदत्त : मेरी सुकुमार प्रियतमा पद्मिनी, तुम ही मेरा हिंडोला हो।

पद्मिनी : मेरा देवदत्त नई देह का आभूषण पहने दूल्हे की तरह आया है।

देवदत्त : *(पुरुषोचित हँसी से)* दुलहिन के पहनने में ही आभूषण की सार्थकता है।

पद्मिनी : *(तत्परता से)* चलो अब। *(विराम)* ठहरो। *(कपिल के पास जाकर)* उदास मत हो, कपिल। फिर मिलेंगे, है न? *(दबी आवाज में)* सुनो, देवदत्त के साथ जाना मेरा धर्म है। पर जा तो रही हूँ तुम्हारी ही देह के संग। इससे तुम्हें सन्तोष होना चाहिए। *(देवदत्त के पास जाकर)* अच्छा, कपिल, चलती हूँ।

देवदत्त : फिर मिलेंगे, कपिल।

[दोनों उल्लास के साथ गाते, नाचते, किलकारियाँ भरते, एक-दूसरे से लिपटते-चिपटते चले जाते हैं। कपिल यथावत् सिर झुकाए चुपचाप खड़ा है। क्षण भर की नीरवता।]

भागवत : कपिल! कपिल! *(उत्तर न पाकर)* कपिल, दुखी मत हो। यह विधना का खेल है, कौन उसे...?

कपिल : *(चौंककर)* कपिल? कौन? मैं? मैं क्यों कपिल हूँ? मैं कपिल क्यों हूँ?

[वेग से चला जाता है।]

भागवत : इस प्रकार रास्ते अलग-अलग हो गए। कपिल ने जंगल का रास्ता लिया। एक बार जंगल गया तो फिर धर्मपुरी की ओर मुड़ा तक नहीं। धर्मपुरी ही क्यों, किसी भी बस्ती की हवा तक नहीं ली। इधर देवदत्त और पद्मिनी धर्मपुरी गए और दाम्पत्य-सुख में पूरी तरह डूब गए।

[पद्मिनी बैठी है, बच्चे के लिए कपड़े सीने का अभिनय। देवदत्त प्रवेश करता है। उसके हाथ में दो बड़ी-बड़ी पुतलियाँ हैं, जिनकी वेशभूषा से पता नहीं लगता कि वे गुड़ियाँ हैं या गुड्डे। पुतलियों का काम छोटे बच्चों से भी लिया जा सकता है। देवदत्त चुपके से आकर पद्मिनी के पीछे खड़ा हो जाता है।]

देवदत्त : ए-ऽ!

पद्मिनी : *(चौंककर)* ओह! *(देवदत्त को देखकर)* यह क्या खेल करते हो तुम? डरा ही दिया। देखो न, सुई चुभ गई। उँगली से खून आ रहा है।

देवदत्त : च्च-च्च! सचमुच खून आ गया! लाओ, उँगली मेरे मुँह में रख दो—चूस लूँ।

पद्मिनी : कोई जरूरत नहीं! खुद चूस लूँगी। *(पुतलियों को देखकर बड़ी-बड़ी आँखों से)* हाय राम! कितनी सुन्दर हैं ये दोनों गुड़ियाँ! किसकी हैं?

देवदत्त : और किसकी? अपनी। घर में नन्हा पाहुन जल्दी ही आनेवाला है न? उसके खेलने के लिए।

पद्मिनी : छिः! इतनी जल्दी? अभी बहुत दिन पड़े हैं।

देवदत्त : होने दो। हर समय थोड़े ही मिलती हैं ऐसी सुन्दर गुड़ियाँ! ये उज्जैन के मेले की गुड़ियाँ हैं।

पद्मिनी : कितनी प्यारी हैं! *(अपने पास खींचकर)* एकदम जीती-जागती चमकती आँखें—कोमल-से गाल—*(प्यार करती*

है) अब बैठकर बताओ, मेले में क्या-क्या हुआ? मुझे तो यहीं छोड़ गए!

देवदत्त : इस दशा में मेरा बैरी भी तुम्हें वहाँ नहीं ले जाता। मैं भी न जाता, पर तुमने बार-बार अपनी मनौती की याद दिलाई, इसीलिए चला गया। पर जाना अच्छा ही हुआ। एक बड़ी विचित्र घटना हुई। एक जगह अखाड़े में कामरूप का पहलवान ताल ठोक-ठोककर सबको चुनौती दे रहा था और उसके आगे कोई टिकता ही न था। पता नहीं, एकाएक मुझे क्या सूझा कि अपने को सँभालूँ, इससे पहले ही कपड़े उतार, साथी का दिया हुआ लँगोट पहन अखाड़े में कूद पड़ा।

पद्मिनी : *(गुड़ियों को प्यार करती हुई)* सच्ची?

देवदत्त : हाँ।

पद्मिनी : पर तुमने तो इस जनम में कभी कुश्ती नहीं लड़ी।

देवदत्त : न कुछ सोचा, न समझा। बस, कुछ भूत-सा सवार हो गया। और तीन चुटकियों में कामरूपी पहलवान को धरती दिखा दी।

पद्मिनी : *(हँसते हुए)* तुम्हारे पिताजी को पता चला तो वे क्या कहेंगे?

देवदत्त : मुझे पहचानने वालों को भी बड़ा आश्चर्य हुआ।

पद्मिनी : *(पास आकर बाँहों को सहलाते हुए)* उस दिन अखाड़े में तलवार चलाने में भी सामने वाले को बुरी तरह हराया था और आज यह कहानी। बहुत आगे मत बढ़ना—लोग शक करने लगेंगे।

देवदत्त : मैं नंगे बदन खड़ा था। तब किसी को शक नहीं हुआ बल्कि एक मित्र ने पूछा, यह विद्या क्या कपिल से सीखी?

पद्मिनी : कपिल ने ही तो सिखाई थी।

देवदत्त : सुनो, पद्मिनी. मैं समझता था—कुश्ती, तैरना, तलवार चलाना—इन सब में सोच-विचार की जरूरत पड़ती

है, मस्तिष्क से काम लेना पड़ता है। पर यह शरीर तो विचारों की प्रतीक्षा नहीं करता—बस, कर बैठता है।

पद्मिनी : बेजोड़ शरीर, बेजोड़ मस्तिष्क, बेजोड़ देवदत्त!

देवदत्त : पिछले दिनों मैं न जाने कितने लोगों से जूझा हूँगा, कितनी रातें ठीक से सोए बिना कटी होंगी। पर देखो न, जरा भी थका नहीं हूँ। *(उछलकर)* चलो, गाड़ी खड़ी है, झील की सैर कर आएँ। जी चाहता है, दौड़ें-कूदें, पहाड़ पर चढ़ें, झील में तैरें।

पद्मिनी : पर मैं यह सब कैसे करूँगी इस हालत में?

देवदत्त : तुमसे दौड़ने-कूदने को किसने कहा? तुम झील के किनारे बैठी रहना और आसपास की छटा देखना, बस। अपना बेटा आ जाए, तब तुम्हें भी तैरना सिखा दूँगा।

पद्मिनी : बेटा-बेटा जपा करते हो, बेटे की जगह बेटी आ गई तो?

देवदत्त : बेटी तुम्हारे-जैसी हुई तो दोनों को तैरना सिखा दूँगा।

पद्मिनी : *(हँसकर)* तैयार! *(देवदत्त उसे अपनी ओर खींचता है)* अरे, अरे, सैर का क्या हुआ?

देवदत्त : हाँ, हाँ, चलो, चलें।

पद्मिनी : *(कुछ रुककर)* देवदत्त!

देवदत्त : क्या?

पद्मिनी : तुम देह पर चन्दन का तेल क्यों लगाते हो?

देवदत्त : गन्ध अच्छी लगती है।

पद्मिनी : जानती हूँ, लेकिन...।

देवदत्त : लेकिन क्या?

पद्मिनी : *(हिचकती हुई)* पहले तुम्हारी देह से एक और ही महक आती थी—सहज, मर्दानी महक—जो ज्यादा अच्छी लगती थी।

देवदत्त : *(आश्चर्य से)* लेकिन मैं तो बचपन से ही चन्दन का तेल लगा रहा हूँ।

पद्मिनी : वह बात नहीं। लेकिन काली के मन्दिर से लौटने के बाद– तब तुम्हारी देह की ऐसी मर्दानी महक होती थी...।

देवदत्त : यानी वह कपिल की बिना धुली देह की, पसीने की महक? *(अविश्वास से)* वह तुम्हें अच्छी लगती थी?

पद्मिनी : *(क्षण-भर स्तब्धता के बाद बात टालकर)* जाने दो। चलो, झील चलें–अब देर मत करो।

[दोनों जाते हैं। थोड़ी देर विराम। फिर गुड़ियाँ बोलने लगती हैं :]

गुड़िया-1 : चलो, घर तो अच्छा ही है।

गुड़िया-2 : हाँ, डर था, जाने कैसा मिले! हमारा भाग्य अच्छा है।

गुड़िया-1 : भाग्य क्या? हम-जैसी गुड़ियों के लिए तो महल होना चाहिए था।

गुड़िया-2 : और मन बहलाने के लिए राजकुमार–सचमुच का राजकुमार!

गुड़िया-1 : मेले में बच्चों की ललचाई आँखें हमें देखकर कैसी चमक उठती थीं!

गुड़िया-2 : बच्चों की माँओं के मुँह में पानी भर आता था।

गुड़िया-1 : लेकिन ये पाजी पिता लोग नाक-भौं सिकोड़कर कहते थे : महँगी हैं! बहुत महँगी हैं!

गुड़िया-2 : महँगी! हम-जैसी गुड़िया कौड़ियों में मिलतीं?

गुड़िया-1 : हम तो राजकुमारों के लिए ही बनी हैं।

गुड़िया-2 : हर दिन प्यार से झाड़ा-पोंछा जाए!

गुड़िया-1 : रेशमी कपड़े पहनाए जाएँ!

गुड़िया-2 : हर महीने नये कपड़े!

गुड़िया-1 : धीरे से उठाएँ, प्यार करें और सोने की वेदी पर रखें!

गुड़िया-2 : गुड़िया वाला समझदार होता तो हमें कभी न बेचता!

गुड़िया-1 : बेचने से पहले इस जंगली के हाथ तो देख लेता।

गुड़िया-2 : हाँ री, बड़े लट्ठ-जैसे हैं।

गुड़िया-1 : ऐसी कठोर पकड़ कि अब भी मेरी बाँहें दुख रही हैं।

गुड़िया-2 : छिः-छिः-छिः! कहाँ हम और कहाँ यह जंगली!

[देवदत्त दौड़ता हुआ आता है और गुड़ियों को उठाकर हवा में उछालता हुआ प्यार करता है।]

देवदत्त : अरी गुड़ियो—लो, तुम्हारा राजकुमार आ गया—आ गया!

गुड़िया-1 : *(पीड़ा से)* हाय राम! बिलकुल उजड्ड है!

गुड़िया-2 : जंगली! एकदम जंगली!

देवदत्त : *(भागवत से)* भागवतजी, यह मिठाई लीजिए, हमारे यहाँ आपका न्यौता है।

भागवत : क्यों भैया, क्या बात हुई?

देवदत्त : आप नहीं जानते? मेरे बेटा हुआ है। हीरा-सा मुन्ना—गुलाब के फूल-सा बेटा—होए-होए!

[लेजिम की लय पर डांडी नाचता हुआ चला जाता है। थोड़ी देर नीरवता।]

गुड़िया-1 : वह सनीचर अभी तक सोया है?

गुड़िया-2 : ऐसा ही लगता है। राम-राम! जान खाये लेता है!

गुड़िया-1 : दिन-भर रोना—रोना—रोना!

गुड़िया-2 : घड़ी-घड़ी गन्दा करते रहना!

गुड़िया-1 : कैसी दुर्गति है हमारी! भगवान का भी भरोसा नहीं रहा।

गुड़िया-2 : भगवान क्या, मनुष्य का ही कौन-सा भरोसा रहा?

गुड़िया-1 : गलती हमारी ही है। हमें समझना चाहिए था कि यह स्त्री हर रात बच्चे का सपना देखती है।

गुड़िया-2 : हमें यह भी नहीं सूझा कि दिनों-दिन उसका पेट फूलता जा रहा है।

गुड़िया-1 : हाँ, हमें तभी समझ लेना चाहिए था...।

गुड़िया-2 : पर इसमें हमारा भी क्या दोष? हम कैसे जानते कि उसने अपने पेट में इतना बड़ा भेद छिपा रखा है!

गुड़िया-1 : कैसी फूलती जाती थी, जैसे किसी ने हवा भर दी हो!

गुड़िया-2 : कितनी बदसूरत लगती थी!

गुड़िया-1 : पर पतिराज को नहीं।

गुड़िया-2 : *(किलकारी भरकर)* अकेले में पत्नी के पेट पर हाथ फेरकर कहता—देख, देख, राजकुमार पैर चला रहा है!

गुड़िया-1 : *(गम्भीरता से)* हमें तभी होशियार हो जाना चाहिए था।

गुड़िया-2 : *(उदास होकर)* हाँ, तभी।

गुड़िया-1 : फिर टपक पड़ा यह पिशाच!

गुड़िया-2 : मांस का लोंदा!

गुड़िया-1 : न आँख का पता, न नाक का!

गुड़िया-2 : इस पर भी सारा लाड़-प्यार उसी को...।

गुड़िया-1 : छिः!

गुड़िया-2 : आक्!

[पद्मिनी-देवदत्त आते हैं। गोद में बच्चा है। दोनों बच्चे के बारे में बातें करते हैं। प्यार करते हैं, हँसते हैं और चले जाते हैं। सारा संवाद हाव-भाव से ही प्रकट होना चाहिए। बच्चा लकड़ी का गुड्डा भी हो सकता है।]

गुड़िया-1 : मेरे कन्धे पर मकड़ी ने जाला बुना है।

गुड़िया-2 : कल एक चूहे ने मेरी उँगली कुतर ली।

गुड़िया-1 : परसों एक तिलचट्टे ने मेरी आँख चट कर ली।

गुड़िया-2 : छह महीने हुए, किसी ने हमें छुआ तक नहीं।

गुड़िया-1 : छह महीने से किसी ने धूल तक नहीं हटाई।

गुड़िया-2 : छह महीने में ही हमारा यह हाल! बरस बाद जाने क्या होगा?

[पद्मिनी और देवदत्त प्रवेश करते हैं।]

पद्मिनी : सुनो!

देवदत्त : क्या?

पद्मिनी : इस बार तुम्हें मानना ही होगा।

देवदत्त : क्या?

पद्मिनी : एक बार झील घूम आएँ।

देवदत्त : और बच्चा?

पद्मिनी : उसे भी ले चलेंगे।

देवदत्त : इस सर्दी में?

पद्मिनी : सर्दी से क्या हुआ? अब बेटा बड़ा हो गया है, कब तक डरेंगे? मैं तो सर्दी-गर्मी-बारिश में ही बड़ी हो गई। मुझे कुछ भी न हुआ। अब भी काफी हट्टी-कट्टी हूँ।

देवदत्त : नहीं, नहीं, बिना बात सबको कष्ट होगा।

पद्मिनी : कष्ट! कष्ट! आखिर तुम्हें हुआ क्या है? दिन-भर घर में ही पड़े रहते हो। बाहर घूमने तक नहीं जाते। तैरना-खेलना-कुश्ती सब छोड़ दिया।

देवदत्त : मैं ब्राह्मण हूँ, पद्मिनी! मेरा काम है...।

पद्मिनी : हाँ, हाँ, वह तो कई बार सुन चुकी हूँ।

देवदत्त : वह सब शुरू-शुरू में ठीक था—वह कुश्ती, तलवारबाजी, तैराकी। लेकिन कब तक? और भी तो काम हैं—अपने घराने का काम—पढ़ना, पढ़ाना, लिखना।

पद्मिनी : *(चिढ़कर)* होगा। *(मुँह फेर लेती है)*

देवदत्त : सुनो, पद्मिनी! *(कन्धे पर स्नेह से हाथ रखता है।)*

पद्मिनी : *(चौंककर)* क्या?

देवदत्त : चौंक क्यों पड़ीं?

पद्मिनी : कुछ नहीं! लगा, जैसे पीठ पर सिहरन-सी दौड़ गई।

[देवदत्त पद्मिनी से अपने स्नेह का उत्तर न पाकर उदास हो जाता है।]

देवदत्त : *(हाथ हटाकर)* 'धर्मसिंधु' की प्रति कहाँ रखी है? आज बड़ी आवश्यकता थी।

पद्मिनी : गुड़ियों के पास कहीं होगी। देख लो।

[देवदत्त गुड़ियों के पास जाता है। एक गुड़िया को तनिक सरकाकर एक ग्रन्थ उठाने का अभिनय करता है। उसके स्पर्श से गुड़िया सिहर उठती है।]

गुड़िया-2 : चौंक क्यों गई?

गुड़िया-1 : उसने छू लिया! एकाएक।

गुड़िया-2 : क्या?

गुड़िया-1 : उसका हाथ। जब हमें मेले से लाया था, तब उसका हाथ कितना रूखा और कड़ा था! पर अब छुआ तो लगा, जैसे किसी स्त्री का हो इतना कोमल।

गुड़िया-2 : हाँ, मैंने भी कुछ देखा है।

गुड़िया-1 : क्या?

गुड़िया-2 : उसका शरीर। पहले कितना ताकतवर था! बाँहें तनी हुई, नसें कसी हुई!

गुड़िया-1 : हाँ, अब वे सब ढीली पड़ गई हैं।

गुड़िया-2 : और पेट भी ढीला। क्यों, इसका पेट भी फूलेगा क्या? *(दोनों हँसती हैं)*

गुड़िया-1 : *(दोनों हाथ अपने पेट पर रखकर फूलते पेट को दिखाती हुई)* हाँ, यों फूलेगा।

गुड़िया-2 : *(उसी तरह)* यों फूलेगा।

गुड़िया-1 : *(उसी तरह)* यों फूलेगा।

गुड़िया-2 : और फूलेगा।

गुड़िया-1 : अगर स्त्री है तो बच्चा होगा।

गुड़िया-2 : और पुरुष हो तो?

गुड़िया-1 : *(पेट फटने का अभिनय करती हुई)* फटास...।

[फिर दोनों खूब हँसती हैं। उसी समय बच्चे को लेकर पद्मिनी आती है।]

पद्मिनी : *(बच्चे को लोरी गाकर सुलाती हुई :)*

आया एक सवार,
जाने किस देश का बाँका सरदार।
हीरे की कलगी वाली पगिया,
सीने पर मोतिया के फूलों की माला,
मुट्ठी में मोती की मूठवाली तलवार।
उजले कपड़ों में यह सूरमा
उजले घोड़ों पर सवार।
समुद्री तरंगों-सी अयाल
पश्चिम के आकाश तक फैली है।
आया एक सवार,
जाने किस देश का बाँका सरदार।
अब सो जा मुन्ने,
देख सुहाने सपने।
आया एक सवार,
जाने किस देश का बाँका सरदार।
जाने क्यों, उसके सीने पर
मोतियों के फूल लाल-लाल हैं,

नयन बने हैं पत्थर के दाने,
देह पड़ी है ठंडी।
उजला घोड़ा दौड़ता चला
ताल-सरोवर, पहाड़ों-खेतों के पार,
दिशाहीन पथहीन।
आया एक सवार,
जाने किस देश का बाँका सरदार।

[पद्मिनी की लोरी के बीच में देवदत्त आता है, और पद्मिनी के पास बैठे हुए ग्रन्थ पढ़ने का अभिनय करता है। लेकिन दोनों आपस में खिंचे हुए लगते हैं। लेकिन एक-दूसरे को नहीं देखते। गीत की समाप्ति पर दोनों सो जाते हैं। क्षण-भर नीरवता।]

गुड़िया-1 : ए-ऽ!
गुड़िया-2 : हूँ!
गुड़िया-1 : देख!
गुड़िया-2 : क्या?
गुड़िया-1 : उसकी पलकों के परे। सपना देख रही है।
गुड़िया-2 : कहाँ? मुझे तो कुछ नहीं दीखता!
गुड़िया-1 : अभी धुँधला है। पूरा खुला नहीं। ले, अब देख।
गुड़िया-2 : *(उत्साह से)* हाँ, हाँ।

[दोनों देखने लगती हैं।]

गुड़िया-1 : कोई पुरुष?
गुड़िया-2 : लेकिन पतिराज नहीं।
गुड़िया-1 : नहीं, कोई और।
गुड़िया-2 : वहीं, जो कल उसके सपने में आया था?
गुड़िया-1 : हाँ, हाँ, वही। लेकिन कल चेहरा पहचान नहीं सकी थी।

गुड़िया-2 : आज चेहरा दीख रहा है। कुछ-कुछ खुरदुरा। किसी मजदूर का-सा। पर उसकी देह कोमल-सी है, उजली-सी।

गुड़िया-1 : कौन—कौन होगा?

गुड़िया-2 : धुँधला गया। चेहरा याद रख, जल्दी।

गुड़िया-1 : धुँधला गया। हाय! लोप हो गया!

गुड़िया-2 : कल सवेरे तक उसे याद भी नहीं रहेगी।

[देवदत्त और पद्मिनी उठकर बैठते हैं।]

पद्मिनी : कल रात लेटे-लेटे कराह क्यों रहे थे?

देवदत्त : *(आँखें बचाकर)* कौन? मैं?

पद्मिनी : तबीयत ठीक नहीं?

देवदत्त : किसकी? मेरी? मुझे क्या हुआ? हट्टा-कट्टा हूँ।

[उत्साह से खड़ा होना चाहता है, पर पीड़ा का अनुभव कर कराह उठता है।]

पद्मिनी : छिपाते क्यों हो? बताओ न, क्या हुआ?

देवदत्त : *(पद्मिनी की ओर देखे बिना)* कुछ नहीं, कल अखाड़े गया था, दोपहर को तैरने भी चला गया। इसलिए कमर में थोड़ा-सा दर्द हो रहा है।

पद्मिनी : अखाड़े गए थे? बरसों बाद यह क्या सूझा तुम्हें? क्यों?

देवदत्त : जी हुआ, जाऊँ! बस, गया। पर अब उसकी चर्चा छोड़ो।

पद्मिनी : *(सीधेपन से)* आज भी अखाड़े जाओगे?

देवदत्त : *(चिढ़कर)* इसमें हँसने की क्या बात है? नहीं जाना है, नहीं जाऊँगा! कल गया, भूल हुई, मूर्खता की। बस! जानता हूँ, अब वे सारे करतब मेरे लिए नहीं हैं।

[चला जाता है।]

पद्मिनी : किस बात का इतना डर है तुम्हें, देवदत्त? इससे क्या फर्क पड़ता है कि तुम्हारी देह फिर कोमल हो रही है,

भुजाएँ ढीली पड़ रही हैं! वह भूल दुबारा नहीं करूँगी। कपिल मेरे जीवन से चला गया—सदा के लिए। अब उसे कभी न आने दूँगी। *(रुककर)* कपिल! कपिल क्या कर रहा होगा? कहाँ होगा? क्या उसकी काया अब भी उजली-कोमल ही होगी? और चेहरा साँवला? *(लम्बा विराम)* देवदत्त बदल रहा है। कपिल बदल रहा है और मैं?

[बैठी-बैठी आँखें मूँद लेती है।]

गुड़िया-1 : देख री, देख। आ गया!

गुड़िया-2 : दिनदहाड़े?

गुड़िया-1 : *(सन्देह से)* रात के सपने में भी यही आया था न? देख, कैसा रूखा-रूखा लगता है!

गुड़िया-2 : हाँ, रंग साँवला है।

गुड़िया-1 : ले, पास आ गया।

गुड़िया-2 : अ-रे-रे! और कितना पास आएगा?

गुड़िया-1 : *(उत्सुकता से)* क्या करेगा?

गुड़िया-2 : *(उसी तरह)* हाँ, क्या करेगा?

[जैसे दोनों प्रतीक्षा करती हों।]

गुड़िया-1 : *(कुछ न समझकर)* धत्। ले—पेड़ पर चढ़ गया।

गुड़िया-2 : *(उसी तरह से)* फिर नदी में कूद गया।

गुड़िया-1 : बस, यही सब करने आया था?

गुड़िया-2 : ले, धुँधला गया।

गुड़िया-1 : हाँ, धुँधला गया।

गुड़िया-2 : गया, बिला गया! बेकार के सपने! उकसाते हैं, मिट जाते हैं।

[पद्मिनी जाग पड़ती है। जैसे बच्चा रो पड़ा हो, उसे सँभालने का अभिनय करती है।]

पद्मिनी : *(सहसा ओठ चबाती हुई, बड़ी कटुता से)* बदल! बदल! अदला-बदली! हेरा-फेरी! कौन छूटा? रेत कण-कण गिरेगी। पानी का घड़ा भरेगा। और चाँद—उजाले से अँधेरे की ओर, अँधेरे से उजाले की ओर, बढ़ता जाता है, लपकता जाता है...।

[देवदत्त आता है। अब वह नाटक के प्रारम्भ का पात्र हो गया है। वही पहला अभिनेता देवदत्त का मुखौटा पहनकर आता है।]

देवदत्त : पद्मिनी, आज एक पंडित मुझसे मिलने आ रहे हैं। उन्हें एक सूत्र की व्याख्या बतानी है। उनके लिए जलपान का प्रबन्ध कर रखना।

पद्मिनी : अच्छा! *(रुककर)* एक समाचार सुना?

देवदत्त : क्या?

पद्मिनी : नौकरानी बता रही थी कि आज ही सवेरे कपिल की माँ चल बसी। बेचारी! बरसों से खाट पर पड़ी थी।

देवदत्त : *(चिढ़कर)* तो मैं क्या करूँ? *(फिर एकदम नरम पड़कर)* अच्छा, जलपान तैयार रखना।

[दोनों जाते हैं। गुड़ियाँ सहसा हँस पड़ती हैं।]

गुड़िया-1 : अपना-अपना भाग्य!

गुड़िया-2 : अपनी-अपनी चिन्ता!

गुड़िया-1 : गुड़ियावाला कहा न करता था कि—कलजुग है! कलजुग है!

गुड़िया-2 : कल रात को इसके सपने में...।

गुड़िया-1 : च्च-च्च! ऐसी बात नहीं कहते!

गुड़िया-2 : *(सीटी बजाकर)* लाज-शरम सब...।

गुड़िया-1 : कहा न, चुप रह!

गुड़िया-2 : सपने में देवीजी ने...।

गुड़िया-1 : *(रोककर)* कहना है तो मैं कहूँगी। सुन...।

गुड़िया-2 : तू क्यों कहेगी? तूने तो मना किया था।

गुड़िया-1 : तू कुछ नहीं समझती। वे...।

गुड़िया-2 : तू ही क्या समझती है? कल रात को तो...।

गुड़िया-1 : तू मत बोल। सपने में...।

गुड़िया-2 : नहीं मैं।

गुड़िया-1 : चुप रह!

गुड़िया-2 : तू चुप रह!

[तरह-तरह की गालियाँ बकती हुई दोनों गुड़ियाँ आपस में उलझती हैं, झगड़ती हैं, और झगड़ते-झगड़ते धरती पर लोट जाती हैं। एक-दूसरे के कपड़े फाड़ डालती हैं। सब अस्त-व्यस्त हो जाता है। बीच-बीच में ठिठोली, चीखना-कराहना, बुदबुदाना, कहकहे जारी रहते हैं। ठीक से पता नहीं चलता कि गुड़ियाँ खेल रही हैं या झगड़ रही हैं। और अन्त में दोनों थककर हाँफती हुई हँसती हुई बैठ जाती हैं। उसी समय पद्मिनी आती है, गुड़ियों को देखती है।]

पद्मिनी : हाय राम! मुन्ने ने तो गुड़ियों का बुरा हाल कर दिया। हो भी तो बहुत पुरानी गईं। और कितने दिन चलेंगी? *(भीतर देखकर)* सुनना!

देवदत्त : *(प्रवेश करके)* क्या?

पद्मिनी : मुन्ने के लिए नई गुड़ियाँ लानी चाहिए। ये तो चिथड़े हो गई हैं।

देवदत्त : अच्छा, मेरा ध्यान ही नहीं गया था।

पद्मिनी : चार दिन बाद उज्जैन में मेला लगेगा। वहीं से दो बढ़िया गुड़ियाँ ले आओ। आज ही चल दो तो वक्त

से पहुँच जाओगे। कहते हैं, फटी हुई गुड़ियों से शगुन बिगड़ता है।

गुड़िया-1 : *(दूसरी से)* सुना तूने? मैंने कहा--सुना तूने? हमें फिंकवाने पर तुली है।

गुड़िया-2 : नई गुड़ियाँ चाहिए।

गुड़िया-1 : पतुरिया!

गुड़िया-2 : कुतिया!

गुड़िया-1 : उसका घर उजड़े!

गुड़िया-2 : उसके दाँत टूटें!

देवदत्त : *(पद्मिनी से)* ठीक है।

[दोनों गुड़ियों को पीछे से पकड़कर उठाता है।]

गुड़िया-1 : देख, देख, कैसे उठा रहा है, जैसे हम कुत्ते के पिल्ले हों!

गुड़िया-2 : यह सनीचर यहीं रहेगा, झूले में—और हमारे लिए घूरा...।

देवदत्त : उज्जैन आने-जाने में सात-आठ दिन तो लगेंगे ही। तुम दोनों को अकेले छोड़कर जाना मुझे ठीक नहीं लगता। किसी पड़ोसी को पैसा देकर क्यों न मँगवा लें?

गुड़िया-1 : नासपीटे, हमें फेंकने से पहले अपनी दशा देख!

गुड़िया-2 : पहले अपनी लुगाई को तो ढँक!

पद्मिनी : दूसरे का क्या भरोसा? अपने मुन्ने के लिए गुड़ियाँ हमें ही लानी चाहिए।

देवदत्त : लेकिन...?

पद्मिनी : नहीं जाना चाहते तो वैसा कहो, पर...।

देवदत्त : अच्छा, ठीक है। किसी नौकर से रात को यहाँ रखवाली के लिए कह दूँ?

पद्मिनी : कोई जरूरत नहीं। कोई जंगल में तो नहीं रहते!

गुड़िया-1 : अरे पगले, अब तो समझ से काम ले!

गुड़िया-2 : ज़ाने से इनकार कर, सिड़ी!

देवदत्त : जैसी तुम्हारी इच्छा। तो फिर चलता हूँ। होशियारी से रहना।

[गुड़ियों को घसीटता हुआ जाने लगता है।]

गुड़िया-1 : अरे मूर्ख, तू डूबेगा।

गुड़िया-2 : तेरा घरबार चौपट हो जाएगा!

गुड़िया-1 : अन्धे!

गुड़िया-2 : बहरे!

गुड़िया-1 : चांडाल!

गुड़िया-2 : राक्षस!

[देवदत्त गुड़ियों को घसीटता चला जाता है। गुड़ियों की चीख-पुकार सुनाई पड़ती है। फिर एक लम्बी नीरवता। पद्मिनी बड़ी देर तक देवदत्त के जाने की दिशा में देखती रहती है, फिर बच्चे को ऊपर उठा लेती है।]

पद्मिनी : आ, बेटे। तूने अभी घने जंगल का जादू-मेला नहीं देखा न? चल, दिखा लाती हूँ। वहाँ की बात क्या बताऊँ, बेटे! सूरज निकलने के भी पहले पेड़ों की टहनियाँ धरती पर अल्पना रचती हैं, तारे आरती उतारते हैं। तब दिन निकलता है और तमाशा शुरू हो जाता है। फिर दिन-भर नाच-नाच-नाच। बन्दरों की बाजीगरी, कुक्कुटों की लड़ाई। मोरों का नाच। धारीदार शेरों का नाच। और नदी-तल पर नन्हे पाँवों में चाँदी की पायलें पहने सूरज का नाच। घने जंगल के बीचोबीच संकेश्वर फूल का रथ सजा है। सोने का रथ है बेटे, जिसे झुंड-के-झुंड पंछी खींचते हैं, अनगिनत पलाश वृक्ष लाल मशाल थामे बन्दगी करते हैं। फिर धीरे से रात घिरेगी, मुन्ने को

निंदिया आवेगी, और बस, एक ही फूँक में चाँद बुझ जाएगा। पर लौटने के पहले एक काम और। वहीं पास, मेले से बाहर एक कोने में, सुहाग के फूल का पेड़ खड़ा है। पुराना पेड़ है, हमारा गहरा बन्धु। बड़ा प्यारा है। हम उससे बातें करेंगे, नमस्ते कहेंगे। ठीक है न, बेटे? अब चलो।

['आया रे सवार' गीत की कड़ी गुनगुनाती हुई बच्चे के साथ चली जाती है। थोड़ी देर के लिए मंच पर नीरवता। फिर कपिल आता है। वह नाटक के शुरू वाला कपिल बन गया है।]

भागवत : कौन? कपिल?

कपिल : हाँ।

भागवत : बरसों हुए तुमसे मिले।

कपिल : हाँ!

भागवत : इतने दिन कहाँ थे?

कपिल : यहीं जंगल में।

भागवत : यहाँ, इस जंगल में? विश्वास नहीं होता, यहाँ मनुष्य भी रह सकते हैं।

कपिल : पशु रह सकते हैं तो मनुष्य क्यों नहीं?

भागवत : क्या कर रहे हो वहाँ?

कपिल : वनवास।

भागवत : धर्मपुरी का कोई समाचार सुना है?

कपिल : बहुत दिन हुए, पिताजी ने मुझे आने के लिए कहला भेजा था। मैंने उत्तर भिजवाया कि मैं नहीं आऊँगा, और न आप ही इधर आएँ—बस।

भागवत : यानी तुम्हें अभी पता नहीं कि तुम्हारे माता-पिता दोनों स्वर्ग सिधार चुके?

कपिल : *(निर्लिप्त भाव से)* नहीं।

भागवत : पद्मिनी के बेटा हुआ है।

कपिल : अच्छा!

भागवत : अभी तक नाराज हो?

कपिल : कैसी नाराजी?

भागवत : तुम्हारे ढंग से तो यही लगता है।

कपिल : वह सब निरी कविता है। *(जाता है)*

भागवत : कपिल! कपिल!

[कपिल मंच की एक परिक्रमा लगाता है और अपने स्थान पर आकर कुल्हाड़ी से लकड़ी काटने का अभिनय करता है। कपिल का, बिना आवाज लकड़ी काटने-भर का चित्र दिखाई देता है। उसी समय बच्चे के साथ पद्मिनी आती है। बच्चा गोद में सोया हुआ है। वह डरी हुई है। पर ज्योंही कपिल को देखती है, जड़वत् हो जाती है। मुँह खुला-का-खुला रह जाता है। कपिल का ध्यान पहले नहीं जाता, पर जब देखता है तो उसकी उठाई हुई कुल्हाड़ी आकाश में ही टँगी रह जाती है। वह निश्चल निर्जीव-सा खड़ा रहता है।]

कपिल : *(फटे स्वर में)* तुम?

पद्मिनी : *(निश्चल)* हाँ।

कपिल : यहाँ?

पद्मिनी : हाँ, मेरा बेटा नहीं जानता था कि नदी के साथ कोई कैसे हँसता है। ठंडी हवा में कैसे काँपता है। पाँवों में काँटे कैसे चुभते हैं। वह सब दिखाने के लिए ले आई। मैं जंगल में भटक गई।

कपिल : लेकिन इतनी दूर नहीं भटकना चाहिए था।

पद्मिनी : गलत राह पाँव से नहीं छूटी, चिपकी रही।

कपिल : इतनी दूर नहीं भटकना चाहिए था। जंगली जानवर—चोर-लुटेरे—राहहीन रास्ते—तरह-तरह के खतरे हैं।

पद्मिनी : सब लोगों से राह पूछती आई—गाँववालों से, यात्रियों से, शिकारियों से, वनवासियों से। कभी-कभार अपने मन से भी। लेकिन सबने यही कहा कि गलत राह छूटे नहीं, चिपकी ही रहे।

[विराम]

कपिल : यह तुम्हारा बच्चा है?

पद्मिनी : हाँ, और तुम्हारा भी।

कपिल : मेरा?

पद्मिनी : तुम्हारी ही देह का प्रसाद है।

कपिल : मेरी देह? *(हिंस्र भाव से)* मेरी नहीं। मैं कपिल हूँ, पद्मिनी। उस दिन मैंने नहीं माना था पर आज मानता हूँ, मैं कपिल हूँ।

पद्मिनी : *(धीरे से)* कैसा है, कपिल?

[कपिल उत्तर नहीं देता। भागवत गाता है :]

भागवत : *(गाकर)* पंख खोले
धरती को ठुकराकर
ऊपर उड़ा।
दसों किनारे,
सातों खंड घूमा,
मापा आकाश।
और अन्त में देखा,
तेरे वक्ष पर बच्चा है
जंघा बीच पति?
आँखों में मशाल,
और कौमार्य के देर से खुले ओठों पर

सुहागिन का जहर है।
मैं यहाँ एक चित्र,
वहाँ एक भाग्य-लेख बीनता हूँ,
और दोनों गटक जाता हूँ,
ज्योति का बन्दी पंछी हूँ।

[मौन]

कपिल : बच्चे को देखूँ?

पद्मिनी : दिखाने के लिए ही तो आई हूँ।

[कपिल बच्चे का मुँह देखता है।]

कपिल : मुझे क्या हो गया? इतनी दूर से आई हो, पर मैंने बैठने को भी नहीं कहा। भीतर जाकर थोड़ा विश्राम कर लो।

[पद्मिनी भीतर जाती है। कपिल भ्रमित-सा खड़ा है। पद्मिनी बच्चे को सुलाकर बाहर आती है।]

: क्यों, विश्राम नहीं करोगी?

पद्मिनी : नहीं, जरूरत नहीं। *(लम्बा विराम)*

कपिल : कैसी हो?

पद्मिनी : अच्छी हूँ। रोग-ताप, चिन्ता-कष्ट कुछ नहीं।

कपिल : *(रुककर)* बच्चा तुम्हीं को पड़ा है।

पद्मिनी : *(क्षणभर रुककर, फिर हँसती हुई)* और तुम्हें भी।

[कपिल निरुत्तर है।]

: तुम्हारी बाँह-जैसा तिल उसकी बाँह पर भी है।

कपिल : कौन-सा तिल?

पद्मिनी : *(पास जाकर छूकर दिखाते हुए)* यही। और कौन-सा? तुम्हारी बाँह पर एक ही तो तिल है।

कपिल : ओह! ध्यान ही नहीं गया था। इस शरीर की ओर देखना ही छोड़ दिया है।

पद्मिनी : इससे इतनी विरक्ति हो गई है?

[उत्तर नहीं मिलता।]

: इतना क्यों सताया इसे? *(हाथ पकड़कर)* यह शरीर जब तुम्हें मिला था, तब कितना कोमल था! किसी राजकुमार के शरीर की तरह ये बाँहें कितनी पतली और गोरी थीं! अब उन्हें देखो। यह तुमने क्या हाल कर रखा है अपना?

कपिल : *(हाथ छुड़ाकर)* जब यह शरीर मुझे मिला था तो यह मेरे सिर से लटकती लाश की तरह था। ब्राह्मण की दुर्बल उजली काया जंगल के लिए नहीं बनी थी। कुल्हाड़ी उठाता तो हाथ थक जाते। दौड़ता तो घुटने दुखने लगते। मेरे लिए यह शरीर किसी काम का न था। जिस घड़ी यह शरीर मुझे मिला, उसी घड़ी से उसके बीच और मेरे बीच युद्ध छिड़ गया।

पद्मिनी : कौन जीता?

कपिल : मैं।

पद्मिनी : *(विषाद-भरी मुस्कान के साथ)* हमेशा मस्तक ही जीतता है! है न?

कपिल : हाँ, इसे भाग्य समझो। अब कोसों दौड़ सकता हूँ, बरसाती बाढ़ में भी कूदकर तैर सकता हूँ। बड़े-से-बड़ा पेड़ गिरा सकता हूँ। शुरू में पेट साथ नहीं देता था। पर अब जो भी मिले, पचा लेता है। नहीं मिलता तो भी रोता नहीं।

पद्मिनी : क्या हमेशा मस्तक ही जीता करेगा?

कपिल : *(ध्यान न देकर)* इसीलिए तो अब मैं कपिल हूँ—कपिल! ऐसा कपिल जिसका चेहरा उसके शरीर से मेल खाता है।

पद्मिनी : अदला-बदली! हेरा-फेरी! याद है वह गीत, जो हमने काली के मन्दिर में गाया था?

कपिल : अब उसे क्यों सुनाती हो?

पद्मिनी : यों ही याद आ गया। मुझे बार-बार याद आया है। यह पंक्ति मेरी आत्मकथा ही बन गई है। कपिल! देवदत्त! कपिलदेही देवदत्त! देवदत्त-शरीरी कपिल! जन्म एक, पुरुष चार!

कपिल : *(सहसा)* तुम उसे छोड़ क्यों आई?

पद्मिनी : *(धीरे से)* तुम्हें कैसे समझाऊँ?

[कपिल-पद्मिनी मूर्तिवत् हो जाते हैं। भागवत पद्मिनी की पंक्तियों को उसी प्रवाह में सुनाने लगता है :]

भागवत : 'तुम्हें किस तरह समझाऊँ? सुनो, देवदत्त अगर रातों-रात बदलकर अपना पहले-जैसा रूप धारण कर लेता, तो मैं तुम्हें एकदम भूल जाती। पर ऐसा नहीं हुआ। वह हर दिन बदलता रहा। एक-एक अंगुल। एक-एक रोआँ। धीरे-धीरे सरकती रेत की तरह। घड़े में भरते पानी की तरह। उसे धीरे-धीरे बदलते देखकर—मैं भूल न सकी।' यह सब पद्मिनी को कपिल से कहना चाहिए था। उसे और भी कई बातें कहनी थीं—बिना कुछ छिपाए! 'कपिल, यदि उस ऋषि ने मुझे तुम्हें सौंपा होता तो मैं तुम्हें छोड़कर देवदत्त के पास भी किसी दिन इसी तरह चली जाती,' लेकिन पद्मिनी कहती नहीं, चुप रहती है।

कपिल : तुम यहाँ क्यों आई?

पद्मिनी : तुम्हें देखने।

कपिल : क्यों?

[पद्मिनी उत्तर नहीं देती।]

कपिल : क्यों? मैं इतने दिन अपने से जूझते-जूझते समझने लगा था कि मैं जीत गया—ऐसे समय तुम यहाँ क्यों आईं? जब मैं इन यादों को जैसे-तैसे उखाड़ फेंकने में सफल हो चुका था, तब क्यों तुमने मेरा पीछा किया? अब मैं कपिल हूँ—जंगली, बेरहम कपिल। अपने शरीर और सिर के बीच की दरार को मिटा देनेवाला कपिल। अब तुम क्या चाहती हो? और एक सिर? और एक आत्महत्या? मेरी बात सुनो, तुम अभी यहाँ से वापस चली जाओ। देवदत्त के पास। वही तुम्हारा पति है—इस बच्चे का बाप। अब यहाँ अपना जाल मत बिछाओ। देवदत्त और पद्मिनी! देवदत्त और पद्मिनी! अग्नि की साक्षी से बँधी जोड़ी! जहाँ मेरी कोई जगह नहीं, कोई शान्ति नहीं, कोई मुक्ति नहीं! जाओ, मुझ पर दया करो। हाथ जोड़ता हूँ, जाओ।

[दीर्घ मौन।]

पद्मिनी : *(धीरे से)* जाती हूँ। तुम कहते हो तो जाती हूँ।

कपिल : *(लगभग कराहते हुए)* हे ईश्वर!

पद्मिनी : क्या हुआ?

कपिल : कुछ नहीं। और एक याद—जब मुझसे भी जाने को कहा गया था। हाँ, तुम जाओ। अभी।

पद्मिनी : जाती हूँ, पर एक छोटी-सी विनती है। मेरा बेटा थका हुआ है, बेचारा। वह सोया है। थोड़ी देर उसे सोने दो। उसके जागते ही चली जाऊँगी। *(हँसकर)* तुम जीत गए, कपिल! देवदत्त भी जीत गया। लेकिन मैं दो शरीरों की अर्धांगिनी—मेरे लिए न जीत है, न हार। नहीं, नहीं, कुछ मत कहो। मैं जानती हूँ, क्या कहोगे। मैं स्वयं अपने से हजार बार कह चुकी हूँ। भूल मेरी ही है, मैंने ही की। सिरों की अदला-बदली मैंने ही की थी, जिसका फल अब

मुझे ही भुगतना चाहिए। मैं ही भुगतूँगी। भूल हुई, मैं इतनी दूर आई। चलने से पहले मैंने सोचा नहीं, सोच नहीं सकी। पर जब आ ही गई हूँ, तो थोड़ी देर, कम-से-कम बच्चे के जागने तक, तुम्हें आँख भर देख लूँ। कुछ बोलूँगी नहीं, चुपचाप बैठी देखती रहूँगी।

[दीर्घ मौन]

कपिल : अब तुम चुपचाप बैठी रहो या लौट जाओ, कोई अन्तर नहीं पड़ता। बिगाड़ जो होना था सो हो ही गया। मैंने उन रूपहीन यादों को कहीं अतल में दबा रखा था। अब तुमने फिर उन्हें अपने नाखूनों से कुरेद दिया।

पद्मिनी : पर कुछ भी दबाया क्यों जाए?

कपिल : क्यों नहीं? इस अधूरेपन के पागल नाच को क्यों झेला जाए?

पद्मिनी : कौन-सा अधूरापन?

कपिल : अपना।

पद्मिनी : तुम्हारा?

कपिल : हाँ, मेरा। इस शरीर को चाहे जितना दबाओ, पर उसमें छिपी यादें नहीं मिटतीं। आश्चर्य की बात है न कि शरीर की भी अपनी अलग यादें होती हैं—अपने अलग प्रेत! कुछ छूने की याद—किसी एक स्पर्श की याद—किसी को बाँहों में भरने की, इस हथेली से दबी किसी गरम देह की याद—यादें जो पहचानी नहीं जातीं, समझ में नहीं आतीं, जिन्हें नाम तक नहीं दिया जा सकता—क्योंकि जब वह सब हुआ, तब यह सिर नहीं था।

पद्मिनी : कपिल!

कपिल : *(शान्त भाव से)* तुम क्यों आईं? तुम आईं, मुझे छुआ, मेरा हाथ थामा और मेरे शरीर को तुम्हारे स्पर्श की याद हो आई। मैंने तुम्हें कभी नहीं छुआ, पर यह शरीर, यह

निर्लज्ज शरीर तुम्हारा स्पर्श पाते ही खिल उठा, जैसे अपने पुराने मित्र को गले लगा लिया हो!

पद्मिनी : *(पास आकर)* बेचारे कपिल!

कपिल : *(कड़ाई के साथ)* दया मत दिखाओ!

पद्मिनी : चुप रहो, पगले! तुम्हारे शरीर ने किसी नदी में स्नान किया, सुख भोगा, तो तुम्हारे मस्तक को यह नहीं जानना चाहिए कि वह नदी कौन-सी थी, उसका बहाव कैसा था? तुम्हारा सिर भी उस नदी में डुबकियाँ ले, नदी का प्रवाह तुम्हारे बालों को सराबोर कर दे, उसकी जीभ तुम्हारे कानों में घूमे, तुम्हारे चेहरे को अपने सीने में कसकर दुबका ले। जब तक यह नहीं होता, तुम अधूरे ही रहोगे।

[कपिल सिर उठाकर देखता है। पद्मिनी बड़े प्यार से कपिल के मुख पर हाथ फेरती है और आँखें भरकर उसके वक्ष पर अपना शीश टिका देती है।]

: कपिल, मेरे प्यारे कपिल, बेचारे कपिल! अपने आपको बेकार तुमने सताया।

[कपिल कुछ नहीं कहता। थोड़ी देर रुकता है, फिर पद्मिनी को घेरकर खींचता हुआ भीतर चला जाता है।]

भागवत : *(गाकर)* पानी पर लकीर नहीं खींची जाती,
तलवार से घाव ही हो सकता है।
तभी तो नदी को
यादों का डर नहीं।

गायिकाएँ : *(गाकर)* नदी जानती है केवल प्रपात का खिंचाव।
वह किलकती है, घास को गुदगुदाती है,

बहाव का कसाव तोड़ भँवर के आवर्तों में
सूखे पत्तों को लट्टू की तरह नचाती है,
रुपहली जाली में
पनीले साँप बुनती है,
बाँस की पत्तियों के काई-भरे गलीचे पर
मेढकों को चौंकाती है
नाचती है, फुदकती है,
उछलती है, गाती है,
बड़े वेग से छल-छल बहती जाती है।

भागवत : *(गाकर)* पर किनारे पर खड़े काकभगोड़े का
सिर के मटके पर
धुँधला-सा चेहरा है,
और देह पर हजारों यादों के आघात हैं।

[देवदत्त एक हाथ में तलवार और दूसरे हाथ में कपड़े की बनी दो गुड़ियाँ लिये प्रवेश करता है।]

: कौन? देवदत्त?

देवदत्त : यहाँ कपिल का घर कहाँ है?

भागवत : अँऽ—वह घर—हाँ, वह घर—पर तुम कैसे हो?

देवदत्त : नहीं चाहते तो न बताइए। मैं ही खोज लूँगा।

भागवत : उधर—उस पेड़ के पीछे।

देवदत्त : पद्मिनी को आए कितने दिन हुए?

भागवत : चार-पाँच दिन।

देवदत्त : *(आश्चर्य से)* मुझे—एक मर्द को भी—रास्ता कठिन लगा, पर वह कितनी जल्दी आ पहुँची—गोद में बच्चा होने पर भी!

भागवत : देवदत्त!

[देवदत्त भागवत की परवाह किए बिना आगे जाता है और रंगमंच की परिक्रमा लगाता है।]

: देवदत्त आगे बढ़ गया। उसके मस्तिष्क में दो ही शब्द मँडरा रहे हैं--कपिल और पद्मिनी। कपिल और पद्मिनी! ये शब्द बाढ़ की तरह देवदत्त को कपिल की झोंपड़ी तक बहाए लिये जाते हैं। लेकिन यह क्या? वह रुक गया। अब तक वह, कपिल के खून का प्यासा था, अब एकाकक यों नरम क्यों पड़ गया? कपिल को आवाज भी नहीं दे पाता!

[कपिल बाहर निकलता है और देवदत्त को देखकर रुकता है।]

कपिल : आओ, देवदत्त, तुम्हारी ही प्रतीक्षा थी। कल से ही। हर घड़ी। बाहर आता, यह देखने कि तुम शायद आ गए हो। भय से नहीं, बस उत्सुकता से।

[पद्मिनी बाहर आती है। मौन खड़ी होती है।]

कपिल : *(देवदत्त से)* तुम तो वैसे के वैसे ही दीखते हो!

देवदत्त : *(हँसकर)* तुम भी।

कपिल : *(तलवार की ओर संकेत कर)* यह क्या है हाथ में?

देवदत्त : *(गुड़ियों को दिखाकर)* गुड़ियाँ हैं, बेटे के लिए। मेले से लाया। घर पहुँचा तो कोई नहीं मिला। सीधा यहाँ चला आया।

[पद्मिनी आगे आती है, चुपचाप गुड़ियों को ले लेती है। फिर उन दोनों को अपने वक्ष से चिपकाए अपनी जगह खड़ी हो जाती है।]

कपिल : पहले थोड़ा विश्राम कर लो, फिर बातें होंगी।

[देवदत्त सिर हिलाता है।]

: क्यों, नाराज हो?

देवदत्त : अब नहीं। *(रुककर)* मेरे शरीर ने तुम्हें बहुत कष्ट दिया?

कपिल : हाँ, वनवास के लिए नहीं बना था न, इसलिए शुरू में प्रतिरोध किया और कुछ हद तक अपना बदला भी लिया।

देवदत्त : कैसे?

कपिल : याद है, मैं तुम्हारी कविता पर, तुम्हारी कल्पना-शक्ति पर मुग्ध था। मेरे लिए पेड़ का मतलब पेड़, आकाश का अर्थ आकाश ही था। तुम्हारे शरीर ने नई चेतना दी, नए शब्द दिये। ऐसी चेतना मैंने पहले कभी अनुभव नहीं की थी—मैंने सहसा एक-दो कविताएँ भी घसीट डालीं। बेशक निकम्मी ही हैं। *(दोनों हँसते हैं)* कभी-कभी मुझे उस सबसे घृणा होती जो तुम्हारे शरीर ने मुझे दिया था।

देवदत्त : मैं तुम्हारा बल चाहता था, तुम्हारा जंगलीपन नहीं। तुम घृणा में जिए—और मैं भय में।

कपिल : नहीं। भय में तो मैं जिया।

देवदत्त : अदला-बदली—हेराफेरी—बोल, बता दे—कौन हारा? एक बात बताओ, तुम सचमुच पद्मिनी को चाहते हो?

कपिल : हाँ।

देवदत्त : और मैं भी।

कपिल : जानता हूँ, देवदत्त। *(मौन)* देवदत्त, क्या हम तीनों इकट्ठे नहीं रह सकते? द्रौपदी और पांडवों की तरह?

देवदत्त : तुम्हें क्या लगता है?

[नीरवता। पद्मिनी उन्हीं क़ी ओर देखती हुई निश्चल खड़ी है।]

कपिल : *(हँसकर)* नहीं, नहीं हो सकता।

देवदत्त : इसीलिए यह लाया। *(तलवार दिखाता है)* जो अपने-आप नहीं मिटता, उसे काट डालना होगा।

कपिल : मुझे तुम्हारी देह मिली, बुद्धि नहीं।

देवदत्त : कहाँ है तुम्हारी तलवार?

कपिल : अभी लाता हूँ।

[कपिल भीतर जाता है। पद्मिनी देवदत्त को देखती है, पर देवदत्त और कहीं देखता रहता है।]

देवदत्त : *(गाकर)* इन्द्र के साथ
सोमरस पिया, हँसे, हर्ष मनाया;
और धरती पर लौटा, तो दूर से देखा—
पृथ्वी पर एक नई दरार पड़ी थी।
बिलकुल इन्द्र की हँसी की तरह।

[कपिल तलवार लिये प्रवेश करता है। दोनों द्वन्द्व युद्ध के लिए तैयार हो जाते हैं।]

कपिल : अभी तक अभ्यास है?

देवदत्त : नहीं। लेकिन तुमने तो इन हाथों को अच्छी तरह सिखाया था। और तुम्हें?

कपिल : नए सिरे से सीखा। अब वह तेजी कहाँ?

देवदत्त : *(रुककर)* कपिल, सच पूछो तो आज इस बात का कोई महत्त्व नहीं कि तलवार चलाने में कौन ज्यादा होशियार है।

कपिल : जानता हूँ।

देवदत्त : इस द्वन्द्व का एक ही परिणाम है।

कपिल : हम दोनों को मरना होगा।

देवदत्त : हाँ, हम दोनों को मरना होगा।

कपिल : उस दिन महाकाली के मन्दिर में हम दोनों ने कितने धैर्य से अपना-अपना शीश काट डाला था! लेकिन आज?

किसका शीश? किसका शरीर? आत्महत्या या हत्या कुछ समझ में नहीं आता।

देवदत्त : इसीलिए आज दया-करुणा की कोई जगह नहीं। न स्नेह की, न मित्रता की। बस, जूझना है शेरों की तरह, मारना है साँपों की तरह।

कपिल : उस दिन माँ काली के सामने जिस हाथ ने जिस मस्तिष्क को अलग किया था, आज भी वही हाथ उसी मस्तिष्क को काटे।

[दोनों लड़ते हैं—यक्षगान के युद्ध की तरह। तलवारें टकराती नहीं। व्यग्र पद्मिनी का हावभाव भी नृत्यवत होता है।]

भागवत : *(गाकर)* अखाड़ों में मुर्गों की तरह,
आँख के डोरे से डोरे मिलाए,
पंजे से पंजा उलझाए,
हम दोनों नाचते हैं।
जो कुछ जानना था, सब मैं जानता हूँ,
वह भी जानता है।
इस डाकिनी का गला सूखा हुआ है,
रक्त के लिए।
इसलिए यह जमी हुई दर्द-भरी मुस्कान
चटककर धरती पर टपकती है।
दोनों नख-कटार से मांस नोचते हैं—
तिल-तिल कर मरने के लिए।

: जिस ऋषि ने कहा था, ज्ञान से क्षमा उपजती है, उसे मृत्यु का कोई ज्ञान न था।

[कपिल देवदत्त पर वार करता है। देवदत्त घुटने के बल गिरकर वहीं से कपिल पर वार करता है।

दोनों घुटनों के बल युद्ध करते-करते धरती पर लुढ़क जाते हैं। पद्मिनी दोनों गुड़ियों को सीने से चिपकाए खड़ी देख रही है। फिर गहरी नीरवता छा जाती है। थोड़ी देर बाद पद्मिनी धीरे-धीरे मन्त्रमुग्ध-सी, खिंचती हुई, दोनों लाशों के बीच आकर घुटनों के बल बैठती है।]

पद्मिनी : दोनों जले, जिए, जूझे, गले लगे और मर गए। मैं चुपचाप खड़ी रही। मैं कहती—चलो, तुम दोनों के साथ रह लूँगी, तो शायद दोनों अभी जीवित होते। पर मैं यह न कह सकी। हाँ, न कह पाई। नहीं, कपिल! नहीं, देवदत्त! मैं भली भाँति जानती हूँ, तुम दोनों एक साथ सुख से नहीं रह सकते थे। मेरी तरह तुम्हें अपने शरीरों का भी साझा करना पड़ता। मृत्यु से परिचित थे, तभी तो दो भाइयों की तरह लड़ते हुए मरे। जीवित रहते तो पशुओं की तरह लड़ते रहते। इसलिए मैं चुपचाप तुम दोनों को मृत्यु की ओर ढकेलती रही; और तुम दोनों ने एक-दूसरे को क्षमा कर दिया—मैं ही रह गई।

भागवत : *(अपने स्थान ही से)* यह क्या? इस दृश्य को देखकर तो रक्त नसों में ही जम जाए। क्या हुआ बेटी? लगता है, तुम पर कोई विपदा पड़ी है। कोई सहायता चाहिए?

पद्मिनी : *(उसकी ओर देखे बिना)* हाँ, चाहिए सहायता। भीतर झोंपड़ी मे मेरा बेटा सोया है। उसे तुम सँभाल लो। यहाँ के शिकारियों को सौंप देना। कहना, कपिल का बेटा है। कपिल उनका मित्र था, वे कपिल के बेटे का अच्छी तरह पालन करेंगे। वह इसी जंगल में, पेड़ों और नदियों के साथ खेले-कूदे, बढ़े। पाँच वर्ष बाद उसे धर्मपुरी के विप्रोतम विद्यासागर के पास ले

जाना। कहना—यह देवदत्त का पुत्र है। उनसे बहुत धन मिलेगा।

भागवत : और तुम?

पद्मिनी : मेरे लिए एक विशाल चिता बनवा दो। हम तीन जने हैं।

भागवत : हे भगवान! सती होगी? ऐसा क्यों, बेटी?

पद्मिनी : *(उत्तर दिये बिना, अपने हाथों की गुड़ियों को सामने धरती पर रखकर)* इन्हें मेरे बेटे को दे देना। मैं अब उससे नहीं मिलूँगी। भीतर गई तो कहीं उसका मोह मुझे न रोक ले!

[भागवत के संकेत पर दो परिपार्श्वक रंगपटी लिये आते हैं। उस पर चिता का चित्र बना हुआ है। पद्मिनी के पाँवों के पास रख देते हैं।]

: माँ दुर्गे, यहाँ भी तू परिहास कर रही है। दूसरी स्त्रियाँ जनम-जनम में वही पति पाने की कामना कर सकती हैं। मेरे लिए यह भी नहीं। सुहागिन होकर भी अभागिन ही रह गई!

[हाथ जोड़ती है। पटीवाले धीरे-धीरे चितापटी को ऊपर उठाए जाते हैं, जिससे चिता की ज्वाला का आभास हो।]

गायिकाएँ : *(गाकर)* चन्दन की डोली में
बैठ चली बहना।
बिछी है गद्दी जिस पर
दमकते मानिक जड़े हैं।
नरम काठ में खिलने वाले फूलों से सजी
जिनकी पत्तियाँ पिघले हुए सोने की हैं।
फूलमालाएँ, प्रेम से सुलगती हुई,

लपककर उसे ढँके लेती हैं।
पलाशों की पगडंडी में—
सुहागिन की बारात चली है,
जकरन्द की मशालें हैं,
मकरन्द की बन्दनवारें।
जा, जा, मेरी बहना।
निडर चली जा।
यमराज प्रसन्न होंगे—
इन तीनों नारियलों की अनोखी भेंट से।

[गुड़ियों को हाथों में थामे भागवत मंच के अग्र भाग में आता है।]

भागवत : इस प्रकार पद्मिनी सती हो गई। यह भारत देश सदा से सती-पतिव्रताओं के लिए प्रसिद्ध रहा है। मगर जिस प्रकार पद्मिनी सती हुई, वैसे शायद ही कोई अन्य स्त्री हुई हो। फिर भी आज तक कोई नहीं जानता कि पद्मिनी कहाँ सती हुई। जंगल के शिकारियों से पूछो तो वे जंगल के बीच एक हरा-भरा सुहाग के फूलों का वृक्ष बताते हैं। कहते हैं—आज भी पूर्णिमा और अमावस की रात को एक गीत उस वृक्ष की जड़ों से उठकर सारे जंगल में सुगन्ध की तरह भर जाता है।

[भागवत गुड़ियों को लेकर पीछे जाता है।]

गायिकाएँ : *(गाकर)* प्यार क्यों निभाएँ
सिर्फ एक देह के साथ?
लंटन के फूल,
जो एक साथ सौ-सौ खिलते हैं—

अब उन्हें बीनकर
एक ही डोरी से क्यों बाँधें?
दोनों स्तनों पर एक-एक शीश,
दोनों आँखों के लिए एक-एक पुतली,
दोनों बाँहों से दोनों को
अलग-अलग आलिंगन,
जिसकी मुझे लज्जा है, न चिन्ता।
धरती के अन्तर में रक्त बरसता है,
आकाश में गीत की कोंपलें फूटती हैं।

[लगता है, जैसे नाटक समाप्त हो गया और भागवत मंगलगीत गाने की तैयारी में है। उसी समय नेपथ्य से एक चीख सुनाई पड़ती है।]

भागवत : *(नेपथ्य की ओर मुड़कर)* कौन? अरे नट? *(नट-2 भागता हुआ आता है और भागवत के सामने से निकलता है)* अरे, क्या हो गया इसको? राष्ट्रगीत क्या हुआ?

[यह सुनते ही नट-2 रुक जाता है।]

नट-2 : *(भय से)* राष्ट्रगीत!

भागवत : क्या?

नट-2 : आपको कैसे पता लगा?

भागवत : क्या पता लगा?

नट-2 : राष्ट्रगीत।

भागवत : क्या?

नट-2 : भागवतजी, आपको कैसे पता लगा?

भागवत : समझा नहीं।

नट-2 : टालिए नहीं, बताइए न, आपको कैसे पता लगा कि राष्ट्रगीत है?

भागवत : क्यों, देखा नहीं, सिनेमा-नाटक समाप्त होने पर लोग-बाग कैसे भाग खड़े होते हैं?

नट-2 : ओह, आप भी खूब हैं!

भागवत : क्यों, क्या हुआ?

नट-2 : क्या हुआ? नारायण! नारायण! इधर देखिए!

[हाथ उठाता है जो थर-थर काँप रहा है।]

भागवत : क्यों? क्या?

नट-2 : अपना भाग्य सराहता हूँ कि अभी मरा नहीं।

भागवत : हुआ क्या?

नट-2 : मैं अभी-अभी इधर ही आ रहा था। सहसा किसी को दूर से गाते हुए सुना—'झंडा ऊँचा रहे हमारा'। पास गया तो दूसरा गीत छिड़ा—'सारे जहाँ से अच्छा हिन्दोस्तां हमारा'। उसके बाद—'उठो-उठो ओ सुन्दर कर्नाटक'। फिर 'वन्दे मातरम्'। ऐसे ही और गीत भी।

भागवत : फिर?

नट-2 : मैं बड़ा चकराया। आखिर कौन राष्ट्रभक्त है जो इतनी रात को राष्ट्र की टेर लगा रहा है? उसी तरफ मैं चला। एक घर—चारों ओर ऊँची बाड़, जैसे जंगल बढ़ गया हो! वहीं कहीं नीचे की ओर जरा-सी खुली जगह थी। घुटनों के बल बैठ उस खुली जगह से अपना सिर निकालकर देखा—देखा...।

भागवत : बताओ न।

नट-2 : एक घोड़ा!

भागवत : ऐं! घोड़ा! घोड़ा?

नट-2 : हाँ, घोड़ा। वह मेरी ओर मुड़कर बोला, स्पष्ट मनुष्य की आवाज में—मित्र, मैं अब 'जनगणमन' गाने जा रहा हूँ—राष्ट्रगीत। सीधे खड़े हो जाओ!

भागवत : अरे, नट, जरा सोच-समझकर बोल।

नट-2 : भगवान की सौगन्ध, भागवतजी!

भागवत : नहीं, नहीं, मेरा मतलब है...।

[नेपथ्य से कुछ विचित्र-सी ध्वनियाँ सुनाई पड़ती हैं।]

: *(चिढ़कर)* छिः! यह शोरगुल कहाँ से?

[नाटक के प्रारम्भ का नट-1 एक पाँच-वर्षीय बच्चे को आगे कर तरह-तरह की विचित्र ध्वनियाँ निकालता हुआ प्रवेश करता है। बच्चे का मुख गम्भीर है। हँसी की छाया तक नहीं। उलटे चेहरे पर जरा-सी चिड़चिड़ाहट है। बच्चे के हाथों में वही पुरानी गुड़ियाँ हैं, जो भागवत को पद्मिनी से मिली थीं। बच्चा उन्हें अपने सीने से कसकर चिपकाए हुए है। गुड़ियाँ फटी-पुरानी हो गई हैं। नट-1 अपने प्रयास में व्यस्त है; पर बालक के चेहरे पर कोई परिवर्तन नहीं। नट-2 लंगूर की तरह उछलता-कूदता, मुँह बनाता भागवत की ओर पीठ किए पीछे की ओर चलता है।]

: *(हर्ष से)* कौन? नट बेटा?

नट-1 : *(पीछे मुड़कर)* ओह, भागवतजी!

भागवत : हजार बरस जियो। मैं अभी-अभी तुम्हारी ही बात...।

नट-1 : क्यों? ऐसा मैंने कौन-सा पाप किया?

भागवत : अभी तुम्हीं को याद कर रहा था। यह तुम्हारा साथी नट कहता था कि अभी-अभी एक घोड़े के चेहरेवाला व्यक्ति उससे बातें करने लगा था।

नट-2 : भागवतजी!

भागवत : *(हाथ से रोककर)* मुझे लगा, कहीं यह वही हयवदन तो नहीं? तभी तुम्हारी याद आई।

नट-1 : हाय रे नट की तकदीर! हमें याद भी करते हैं तो दूसरे पात्रों के बहाने।

भागवत : कहाँ है हयवदन?

नट-1 : मैं नहीं जानता, भागवतजी! जैसे ही चित्रकूट पहुँचे, हयवदन ने मुझे भगा दिया। वहाँ ठहरने ही नहीं दिया।

भागवत : बेचारा! माँ काली उस पर प्रसन्न हो! *(बच्चे को देखकर)* यह कौन है?

नट-1 : यह? ओह! *(बच्चे से)* बता, बेटे!

[बच्चा चुप, बोलता नहीं।]

भागवत : तू कौन है, बेटे? तेरा क्या नाम है? तेरे माँ-बाप कहाँ के रहने वाले हैं?

नट-1 : देखा न? इस उम्र में दूसरे बच्चे होते तो पूरा शब्दकोश ही उगल डालते। पर आपकी सौगन्ध--यह बच्चा कभी चूँ तक नहीं करता। बोलना क्या, यह तो न हँसता है, न रोता है। चौबीस घंटे ऐसे ही गूढ़ गम्भीर चुप्पा बना रहता है। *(फिर मुँह बनाकर बच्चे को बहलाने लगता है।)*

नट-1 : देखा न? कोई असर नहीं। लगता है, जब बड़ा होगा, तो अच्छा ड्रामा-क्रिटिक बनेगा।

नट-2 : *(खीजकर)* भागवतजी!

भागवत : *(नट-1 से)* तुम्हें कहाँ से मिला?

नट-2 : चित्रकूट से लौटते समय रास्ते में एक रात शिकारियों की बस्ती में ठहरा था। वहाँ एक शिकारी की स्त्री ने इस बच्चे को मेरे हाथ सौंपकर कहा--यह शिकारी की सन्तान नहीं, धर्मपुरी का बालक है, वहाँ पहुँचा दीजिएगा।

भागवत : धर्मपुरी का बालक! किसका होगा? *(गुड़ियों को देखकर आश्चर्य से)* अरे! लेकिन ये गुड़ियाँ?

[देखना चाहता है, पर बच्चा एकदम गुड़ियों के साथ पीछे हट जाता है। चेहरे पर क्रोध और भय के भाव छा जाते हैं।]

नट-1 : न-न-न, उसे मत छेड़िए! मैं जानता हूँ। भूख हो, प्यास हो, पर न हँसे न रोए। पता भी नहीं लगता कि पागल है, पंडित है, बहरा है, गूँगा है। मगर कहीं उन गुड़ियों को छेड़ दिया तो बस, काटने को दौड़ता है। उनके पीछे जान देने को तैयार हो जाता है।

नट-2 : *(जोर से)* भागवतजी!

भागवत : *(पूर्ववत, नट-1 से)* नट बेटे, एक बात याद आई। ठहरो, बेटे, तनिक अपना कन्धा तो दिखाना। *(बच्चा पीछे हटता है)* नहीं, नहीं, गुड़िया नहीं छुएँगे। सिर्फ कन्धा देखेंगे। *(देखकर खुशी से)* नट बेटे!

नट-2 : *(और जोर से)* भागवतजी!

नट-1 : क्या, भागवतजी?

भागवत : देख लिया, वही तिल है। यह अवश्य पद्मिनी का बच्चा है।

नट-1 : पद्मिनी कौन?

नट-2 : *(पूरी शक्ति लगाकर)* भागवतजी-ऽ-ऽ-!

[भागवत और नट-1 एकदम चौंक पड़ते हैं।]

भागवत : क्यों भाई? तुम्हें क्या हुआ?

नट-2 : कब से चीख रहा हूँ, पर आप कान ही नहीं देते।

भागवत : क्यों, क्या कहना है?

नट-2 : आपने हमारे साथी नट से कहा कि मैं घोड़े का चेहरा देखकर डर गया हूँ। लेकिन चेहरा-मोहरा ही नहीं,

कान के सिरे से लेकर पूँछ की गुच्छी तक पूरा-पूरा घो...।

[नेपथ्य से 'जनगणमन' का तीसरा चरण सुनाई देता है।]

: लीजिए, आ गया!

[सब उधर मुड़ते हैं। और गीत गाता हुआ घोड़ा आता है :]

घोड़ा : तब करुणारुण रागे
निद्रित भारत जागे
तब चरणेनत माथा
जय-जय हे जय राजेश्वर!
(फिर रुककर सबको देखकर) अरे-रे-रे! वाह, वाह! दिव्य! भव्य! कौन, भागवतजी? और नटाचार्य? आप सब कुशल-मंगल से हैं?

भागवत : कौन, हयवदन?

हयवदन : और कौन हो सकता है? मैं ही हूँ, हयवदन।

भागवत : लेकिन यह क्या...?

नट-2 : तो आप इस घोड़े को पहचानते हैं?

हयवदन : *(ठहाका लगाकर)* पुराने मित्र हैं हम दोनों!

नट-2 : *(हँसकर)* तीर्थयात्रा के साथी हैं?

हयवदन : पर सहयात्री—फैलो ट्रैवलर्स नहीं!

[सब लोग जोर-जोर से हँसते हैं और बच्चा भी ताली बजाकर हँसने लगता है।]

बच्चा : हा! हा! हा! घोड़ा हँसता है! घोड़ा हँसता है!

नट-1 : अ-रे-रे! *(उछलकर)* बच्चा हँसता है! हँसता है!

हयवदन : *(झूठे क्रोध से)* क्यों, बच्चे! तू हँस सकता है, मैं नहीं हँस सकता?

[बच्चा और भी हँसता है।]

भागवत : बुरा मत मानो, हयवदन। यह पद्मिनी का लड़का है।

हयवदन : पद्मिनी कौन?

भागवत : तुम नहीं जानते। अब यह अनाथ बालक है। बेचारा! इतने दिनों तक किसी ने इसे न हँसते देखा, न रोते। न बोलते ही देखा है। आज तुम्हारे कारण बच्चा हँसने लगा है। सच कहता हूँ, आज तुमने एक नेक काम किया।

हयवदन : ओहो, तब तो बड़ी खुशी हुई, बड़ी खुशी हुई!

भागवत : लेकिन, हयवदन, तुम चले थे पूरा मनुष्य बनने, पर यह क्या हुआ?

हयवदन : वह एक लम्बा किस्सा है। सुनिए। मैं सीधे काली के मन्दिर में गया। वहाँ एक तलवार पड़ी थी, जिसे गर्दन पर रखकर मैं जोर से चिल्लाया—देवी माँ, मुझ पर जल्दी प्रसन्न हो जा, वरना मैं तेरे ही चरणों में अपना सिर काटकर रख दूँगा।

भागवत : हूँ! फिर?

हयवदन : झट देवी प्रकट हुई और आते ही बरस पड़ी—क्या मुसीबत कर दी है तुम भक्तों ने! अगर अपने सिर ही काटने हैं, तो और कहीं जाकर क्यों नहीं काटते? मेरी नींद क्यों चौपट करते हो? फौरन मैंने काली के चरण पकड़े। बोला—माँ, मुझे पूर्णांग बना दे। देवी बोली—तथास्तु। मैं अभी कह भी न पाया था कि मुझे पूरा मनुष्य बना दे कि देवी बड़ी जम्हाई के साथ अन्तर्ध्यान हो गई। मैं पूरा घोड़ा बन गया।

नट-2 : हाय, बेचारा!

हयवदन : बेचारा क्यों, भाई? देवी ने जो भी किया, अच्छा ही किया। घोड़ा बनने में जो मौज-मजे हैं, वह आप क्या समझें? वे ठाठ ही निराले हैं। *(रुककर)* दुख की बात एक ही है...।

भागवत : क्या?

हयवदन : क्या बताऊँ, भागवतजी! पूरा घोड़ा तो हूँ, पर अभी पूर्णांग नहीं हूँ। कमबख्त यह इन्सान की आवाज अभी मेरा पीछा नहीं छोड़ती। जैसे मेरे गले में चिपक ही गई हो! जब तक इस इनसानी बोली से छुटकारा नहीं मिलता तब तक मैं पूर्णांग कैसे कहलाऊँगा? यह बोली कैसे छूटे, भागवतजी?

भागवत : समझ में नहीं आता, क्या कहूँ, हयवदन!

हयवदन : इसीलिए अपने जाने-सुने तमाम देशभक्ति के गीतों को गला फाड़कर गाता रहता हूँ, खासकर राष्ट्रगीत को। कहते हैं, राष्ट्रगीत गाने से गले में घरघराहट होने लगती है। मेरी कोशिश अभी जारी है। आखिर राष्ट्रगीत की कृपा से ही सही, यह गला एक बार खराब हो जाए! लेकिन मेरा भाग्य ही फूटा है। कामना पूरी ही नहीं होती। *(फफक-फफककर रो पड़ता है।)*

बच्चा : छि...! छि...! छि...! रो मत, घोड़े, रो मत। रोता क्यों है?

हयवदन : नहीं, नहीं रोता। बच्चा ठीक कहता है। रोने से गला थोड़े ही फटेगा।

बच्चा : पागल, रो मत। तू हँस। हँसता है तो अच्छा लगता है।

हयवदन : *(आँसू पोंछता हुआ)* ठीक है, नहीं रोऊँगा, पर कोशिश नहीं छोड़ूँगा। आ, बच्चे। हम दोनों मिलकर 'जनगणमन' गाएँ।

बच्चा : मुझे नहीं आता।

भागवत : बच्चे को कौन सिखाता, हयवदन! जंगल में पला है।

हयवदन : और कोई गीत जानते हो? सुनो, अगर तुम कोई गीत गाओगे तो मैं तुम्हें अपनी पीठ बिछाकर घुमाऊँगा। मंजूर?

बच्चा : हूँ!

हयवदन : तो गाओ। देर नहीं, चढ़ जाओ। हूँ, चढ़ जाओ मेरी पीठ पर।

[बच्चा गुड़ियों को नट के हाथ में देता है। भागवत बच्चे को घोड़े की पीठ पर बिठा देता है।]

बच्चा : *(उत्साह से)* है—है—है!

हयवदन : न, न, न, वैसे काम नहीं चलेगा। पहले गाओ, गीत गाओ, तब दौड़ूँगा।

भागवत : गाओ, बेटे!

[बच्चा गाता है। हयवदन परिक्रमा करता है।]

बच्चा : *(गाकर)* आया एक सवार।
जाने किस देश का बाँका सरदार?
जाने क्यों उसके सीने
पर मोतिया के फूल लाल-लाल हैं?
नयन बने हैं पत्थर के दाने,
देह पड़ी है ठंडी?
उजला घोड़ा दौड़ता चला
ताल-सरोवर, पहाड़ों-खेतों के पार
दिशाहीन, पथहीन।
आया एक सवार।
जाने किस देश का बाँका सरदार?

[गीत की समाप्ति पर घोड़ा भागवत के पास रुकता है।]

हयवदन : *(गम्भीर होकर)* भागवतजी!

भागवत : हाँ।

हयवदन : अजीब गीत है! इस गीत का घुड़सवार मरा हुआ लगता है न?

भागवत : हाँ; लगता तो है।

हयवदन : ऐसे नन्हे बालक को इतना दुख-भरा गीत किसने सिखाया होगा?

बच्चा : माँ ने सिखाया।

भागवत : गीत में क्या है, हयवदन! सच्ची सुन्दरता बच्चे की हँसी में है, जिस पर विपदा की छाया तक नहीं पड़ी है।

हयवदन : यह बात है?

भागवत : तू ही बता, बच्चे की हँसी में जो निर्मलता है, वह और कहाँ मिलेगी?

हयवदन : क्षमा कीजिए, भागवतजी, यह सिद्धान्त मुझे कुछ जँचा नहीं। ऐसी आँसुओं में डूबी भावुकता से ही हमारा सारा भारतीय साहित्य और राष्ट्रीय जीवन भ्रष्ट हो गया है। इसी कारण हम पलायनवादी हो गए। फिर भी आप कहते हैं तो मान लेता हूँ। बच्चे, दूसरा गीत सुनाओ।

बच्चा : नहीं आता।

हयवदन : अच्छा, अच्छा, वही सुना दो। फिर एक चक्कर लगा दूँगा।

बच्चा : नहीं, पहले तुम हँसो।

हयवदन : हँसूँ? अच्छा, चलो। *(हँसने की चेष्टा करता है)* ही, ही, ही। नहीं, भाई। हुक्म पर हँसी नहीं आती। बड़ी मुश्किल है।

बच्चा : *(चाबुक से मारने का अभिनय करता है)* हँस—हँस—और हँस!

हयवदन : अच्छा, अच्छा! और एक बार कोशिश करता हूँ। ही, ही, ही, ही, ही, ही!

[धीरे-धीरे हँसी हिनहिनाहट बन जाती है।]

सब : अरे, यह क्या?

भागवत : हयवदन! हयवदन!

हयवदन : ही, ही, ही, ही...!

[इनसान की बोली की जगह पूरी हिनहिनाहट सुनाई पड़ती है। हयवदन खुशी से उछलने लगता है।]

भागवत : हयवदन, धीरे से, धीरे से—बालक को गिरा न देना!

[हयवदन हिनहिनाता हुआ मंच के चारों ओर दौड़ता है। बच्चा भी 'आया एक सवार' गाता हुआ घोड़े को उकसाता है।]

: इस तरह आखिरकार हयवदन पूर्णांग हो गया। *(नटों से)* तुम दोनों विप्रोत्तम विद्यासागर के पास जाओ और उन्हें समाचार दो कि उनका दिग्विजयी पौत्र एक बड़े सफेद घोड़े पर सवार होकर उनके ही सन्मुख उपस्थित होने आ रहा है।

नट-2 : और ये गुड़ियाँ?

भागवत : फेंक दो उन्हें। अब उनकी कोई जरूरत नहीं।

[नट गुड़ियाँ ले जाता है।]

: गजमुख गणेशजी की महिमा अपरम्पार है, जो सबकी मनोकामना पूरी करते हैं। दादा को पोता मिला, पोते को हँसी मिली, और घोड़े को हिनहिनाहट। विघ्नेश्वर की महिमा का कौन बखान कर सकता है! आ, हयवदन,

क्षण-भर के लिए अपना नृत्य रोक और मंच के आगे आ जा। हमारा नाटक समाप्त हुआ। अब हम सब मिलकर उस परम पिता की स्तुति करें।

[हयवदन आता है। बच्चे को उतारा जाता है। चिता की रंगपटी के हटने पर कपिल, देवदत्त तथा पद्मिनी भी आगे आते हैं और सब एक पंक्ति में खड़े हो हाथ जोड़कर मंगल गीत गाते हैं :]

बरसा दे हे परम कृपामय
जग-भर में धन-धान्य सम्पदा,
और बढ़े साहित्यलोक में
काव्यशास्त्र का अविरत धन्धा।
अब के राजा जनसाधारण
काम-काज में सदा सफल हो,
प्रजा राज्य के शासन जन में
अब विवेक का ही सम्बल हो।

परिशिष्ट : गीत

[गिरीश कारनाड के कन्नड से अंग्रेजी अनुवाद के आधार पर सान्त्वना द्वारा लिखे गए ये गीत, पाँचवें को छोड़कर, 'हयवदन' (हिन्दी) के कलकत्ता में 'अनामिका' द्वारा मंचन के वक्त इस्तेमाल किए गए थे।]

[1]

नमो नमो गजबदन गुज सदन।
सहस सूर्य से ज्योतिर्मय है
सिद्धि प्रदाता विघ्न हरण॥
ओ नाटक के पहले श्रोता
हरो हमारी सब अपूर्णता
एकदन्त, मूषकवाहन स्वीकारो
सबका शीश नमन॥ नमो...

[2]

धर्मपुरी में ये दो मीत
तन औ मन से अलग न होते
ऐसी गहरी उनकी प्रीत॥
देखी इक दिन सुन्दर लड़की
खोई मन की सुधबुध अपनी॥
मदमाती इठलाती लड़की

गाती जाती थी इक गीत
जिसका अर्थ सोच-सोच भी
समझ न पाएं दोनों मीत॥

[3]

बाँधें क्यों इस प्यार को,
एक देह की डोर से?
भूल करें और बँध जाएँ क्यों
एक प्रेम की डोर से?
पेड़ों की शाखों पर खिलते
अनगिन रंग-बिरंगे फूल।
चुनकर बाँधे एक अकेले को
क्यों प्रीत की डोर से?

[4]

सुध-बुध सब बिसराकर अपनी
छोड़े तन उन दोनों ने।
अपना जीवन धन्य बनाया
मरण वरण कर दोनों ने।।
कटे मुंड को हाथों में ले
लड़की खड़ी रही मुस्काती
रक्तस्नात हो, प्रेमग्रस्त हो
नाच-नाच गाती जाती।।

[5]

दोनों स्तन पर शीश रखें दो
आँखों की हों पुतली दो

दोनों बाँहों से दोनों के—
आलिंगन में दुविधा क्यों?
मन ने जाना है इस सच को
स्वीकारा दुलराया है
मुझको कोई लाज न इसकी
मैंने सुख यह पाया है।
बूँद-बूँद कर खून टपकता
धरती की छाती तर है
फूट रहीं गीतों की कोंपल
नभ जिससे सुन्दरतर है।।

[6]

काँपता है क्यों हृदय तू, काँपता क्यों, बोल तो।
सरसराते साँप की हलकी छुअन से
लाजवंती की लता-सा लाज भर कर
आप अपने में सिमटता जा रहा क्यों, बोल तो।
क्लांत सूरज रुक गया है सुहाग फूल की डाल पर
काँपता है हृदय थरथर, पात-पीपल-सा इधर
ले रहा अब विदा मस्तक हृदय से क्यों, बोल तो।

[7]

अदला बदली
बूझ पहेली—
क्या वो है ये?
या ये है वो?...हो हो हो हो
कौन बताए?
कोई बताए।

कौन बताए?
कोई बताए ॥

[8]

हम तो कभी न मानेंगे
होनी को बतलाने वाली
इस जिह्वा की कोई कहानी ॥ हम तो...
हम तो केवल वह मानेंगे
माथे पर जो लिखा हुआ,
अलग-थलग कर नस-नाड़ी से
ब्रह्मा द्वारा लिखा गया।
बस, हम तो वह मानेंगे।
हाथों की रेखाएँ जिनका
है न बुद्धि से कोई नाता,
उनका ही सब हाल जानना
हमको तो अब है मन भाता।
हम तो केवल वह जानेंगे।
आँखों से ओझल होती
बहती नदियों की धारा है।
उस धारा में छिपी हुई
गहराई को अब पाना है।
हम उसको ही नापेंगे ॥

[9]

आया एक सवार देखो, आया एक सवार।
जाने कौन देश से, देखो... ॥
सिर पगड़ी झालर, मोतियन की गले चमेली हार। देखो...
हाथों में तलवार और उजले घोड़े पे सवार । देखो...

सो जा मेरे राजा बेटे, देख सुख भरे सपने मीठे
लो फिर आया, लो ये आया, दूर देश के पार से
आया एक सवार।

उजले फूल चमेली के क्यों पीले और मुरझाए से?
आँखें क्यों हैं बुझी-बुझी, नयना क्यों हैं पथराए से?
और देह भी बिलकुल ठंडी बरफ समान हुई है क्यों?
कैसा है ये सवार?

उजला घोड़ा सरपट भागे पर्वत नदियों पार रे
जाने कितनी दूर कहाँ पर वो है राजकुमार रे?
कहीं नहीं है, कहीं नहीं।

[10]

ठुकरा धरती पाँखें फैलाए
उड़ा नील अम्बर की ओर
सात द्वीप और दसों दिशाएँ
नापा था नभ का हर छोर।

और उधर तुम खिला रहीं
नन्हे बालक को सीने पर
जाँघों पर स्वामी थे तेरे
हँसी बिछी थी होंठों पर।

किन्तु अचानक
टूटी पाँखें, छूटी राहें
खुले-खुले नभ में इक दिन
ग्रह भटक आ पहुँचा पंछी
ज्योतिषी के पिंजरे में बन्दी
दाने चुगता, भाग्य बाँचता।
यों ही जीवन जीता है।
(अब) यों ही जीवन जीता है।

[11]

पानी का कागज कोरा जिस पर
नहीं उभरते भाव कभी
यादों का डर है कहीं नहीं
निश्चित प्रवाहित तभी नदी।
नदिया तो पहचाने
झरने का गुहराना
हँसना औ' मधुर-मधुर
हँसते जाना॥
तट पर की हरी घास,
छूना और सहलाना॥
भँवरों की कोख को
पत्तों से भर देना
चाँदी के जाल पर
साँप लहर बिछा देना
और फिर हँस-हँसकर
छलकते इठलाते
मदमाते चरणों से
आगे को बढ़ जाना॥
बढ़ते ही जाना
और बेचारा काग भगौवा
तट पर खड़ा रहा निस्संग
एक-एक कर उसके चेहरे के
धुँधलाए सारे रंग
औ यादों से छलनी अंग॥

[12]

लड़ते रहे
अखाड़े में

वह और मैं, वह और मैं।
मुर्गों जैसे
रहे अकड़ते
चोंच लड़ाते, वह और मैं...वह और मैं।
वह भी जाने
मैं भी जानूँ
था जो कुछ भी
हमें जानना—लड़ते रहे
किन्तु रक्त की
प्यासी डाकिन
का अब तक भी
कंठ है सूखा॥

इसीलिए तो
ओठों तक आ
ठहर गई
ठंडी मुस्कान
नोच-नोच कर
मांस मृत्यु को
लगे बुलाने
तिल-तिल प्रति पल॥ वह और मैं...

[13]

बहन हमारी चली स्वर्ग को
चन्दन की डोली पे सवार॥
सेज पे उसके बिखरे मोती
और दमकते माणिक लाल।
लाल सुनहरी पँखुड़ियों के
डाल गले में सुन्दर हार॥

बिदा, बिदा ओ बहन हमारी
डर कोई न तुम्हें है आज।
तीन नारियल से सिर भेंट करोगी,
खुश होंगे यमराज ॥

●●●